**westermann**

**Erarbeitet von**
Olesia Belenko
Ursula Emanuel
Marie-Claire Kirchhoff
Kerstin Schöning
Katharina Strick

**Unter wissenschaftlicher Beratung von**
Prof. Dr. Tabea Becker

**Illustriert von**
Cesare Asaro
Matthias Berghahn
Zapf

**3**
Sprachbuch

# INHALT

**Kapitel 1: leben – lernen – respektieren**    7–24

    Ein Ferien-Lapbook kennenlernen ..................................... 8
    Ein Ferien-Lapbook planen und schreiben ....................... 9
    Satzglieder kennenlernen ................................................... 10
    Satzglieder erkennen .......................................................... 11
    Sätze untersuchen: Prädikat .............................................. 12
    Sätze untersuchen: zweiteiliges Prädikat ......................... 13
    Sätze untersuchen: Fragesätze .......................................... 14
    Mit Satzgliedern Sätze erweitern ...................................... 15
    Rechtschreibstrategien verwenden: Vokallänge prüfen .... 16
    Wörter mit doppelten Konsonanten schreiben ............... 17–19
    Ein Ferien-Lapbook überarbeiten und gestalten .............. 20–21
    Unter der Lupe .................................................................. 22–23
    Detektivwissen überprüfen ............................................... 24

**Kapitel 2: essen – bewegen – genießen**    25–42

    Einen Comic kennenlernen ................................................ 26
    Einen Schluss zu einem Comic erfinden .......................... 27
    Satzschlusszeichen kennen und anwenden ..................... 28
    Fragesätze und Fragewörter kennen ................................ 29
    Ausrufe und Aufforderungen kennen .............................. 30
    Satzschlusszeichen verwenden ......................................... 31
    Wörtliche Rede kennenlernen und verwenden ............... 32–33
    Wörter in Silben gliedern .................................................. 34
    Silbenkerne erkennen und nutzen .................................... 35
    Silbenstruktur erkennen ..................................................... 36
    Wörter mit Silben-h schreiben ........................................... 37
    Eine Geschichte mit wörtlicher Rede planen und schreiben ... 38
    Eine Geschichte überarbeiten .......................................... 39
    Unter der Lupe .................................................................. 40–41
    Detektivwissen überprüfen ............................................... 42

## Kapitel 3: beobachten – verstehen – schützen  43–60

- Eine Beschreibung planen und schreiben … 44–45
- Nomen kennen … 46
- Nomen zusammensetzen … 47
- Bestimmungswort und Grundwort kennenlernen … 48
- Artikel kennen und verwenden … 49
- Zusammengesetzte Nomen bilden … 50
- Nomen mit -heit, -keit, -ung kennen … 51
- Nomen in Treppengedichten erkennen … 52
- Nomen im Satz erkennen … 53
- Schiebewortprobe bei Satzgliedern üben … 54
- Nomen im Satz großschreiben … 55
- Eine Beschreibung planen, schreiben, überarbeiten … 56–57
- Unter der Lupe … 58–59
- Detektivwissen überprüfen … 60

## Kapitel 4: haben – wünschen – brauchen  61–78

- Argumente finden und jemanden überzeugen … 62
- Argumentieren: Pro- und Kontra-Listen anlegen … 63
- Verben kennen: Personalformen bilden … 64
- Unregelmäßige Verben kennenlernen … 65
- Präsens und Präteritum kennenlernen … 66
- Präteritum verwenden … 67
- Unregelmäßige Verben im Präteritum kennen … 68
- Unregelmäßige Verben im Präteritum anwenden … 69
- Verben verlängern … 70
- Nomen zerlegen und verlängern … 71–72
- Wörter verlängern … 73
- Pro- und Kontra-Listen überarbeiten … 74
- Eine Diskussion vorbereiten und führen … 75
- Unter der Lupe … 76–77
- Detektivwissen überprüfen … 78

# INHALT

**Kapitel 5: lesen – hören – sehen**     **79–96**

    Eine Gruselgeschichte planen und schreiben     80–81
    Adjektive kennen     82
    Mit Adjektiven vergleichen     83
    Adjektive mit -lich und -ig kennen     84–85
    Merkwörter mit ai üben     86
    Merkwörter mit chs üben     87
    Merkwörter mit langem i üben     88–89
    Fremdwörter üben     90–91
    Eine Gruselgeschichte planen und schreiben     92
    Eine Gruselgeschichte überarbeiten     93
    Unter der Lupe     94–95
    Detektivwissen überprüfen     96

**Kapitel 6: träumen – fragen – nachdenken**     **97–114**

    Argumente formulieren     98
    Einen höflichen Brief schreiben     99
    Den Wortstamm erkennen     100
    Wortbausteine bei Verben kennenlernen     101
    Nachgestellte Wortbausteine -heit, -keit, -ung verwenden     102
    Nachgestellten Wortbaustein -ieren verwenden     103
    Nachgestellte Wortbausteine -ig, -lich verwenden     104
    Wortfamilien bilden     105
    Den Wortstamm kennen und nutzen     106–107
    Verwandte Wörter mit ä/a und äu/au schreiben     108
    Worttrennung am Zeilenende anwenden     109
    Einen höflichen Brief planen, schreiben, überarbeiten     110–111
    Unter der Lupe     112–113
    Detektivwissen überprüfen     114

## Tipps zum Schreiben und Lernen — 115–133

- So geht es: Lapbook .................................................. 115
- So geht es: Vom Comic zum Erzähltext ........................ 116
- So geht es: Beschreibung .......................................... 117
- So geht es: Pro- und Kontra-Listen ............................. 118
- So geht es: Gruselgeschichte .................................... 119
- So geht es: Höflicher Brief ........................................ 120
- Ideen-Karte und Ideen-Lampe ................................... 121
- Wortfeld .................................................................. 121
- Notizen schreiben .................................................... 122
- Geschichtenpfad nutzen ........................................... 122
- Gedanke → Stichwort → Text .................................... 123
- Text → Stichwort → Satz ........................................... 124
- Feedback geben ...................................................... 125
- Inhalts-Check und Rechtschreib-Check ..................... 126
- Präsentation: Textplakat, Geschichtenbuch, Lesevortrag .. 127
- Text formatieren ...................................................... 128
- Digital präsentieren ................................................. 128
- Satz des Kapitels ..................................................... 129
- Wörtertraining ......................................................... 129
- Gedächtnistricks ..................................................... 130
- Wörter nachschlagen ............................................... 131
- Richtig abschreiben ................................................. 131
- Wörter unter der Lupe ............................................. 132
- Partnerarbeit ........................................................... 132
- Lerngespräche führen .............................................. 133
- Knack den Code ...................................................... 133

## Wörterliste — 134–143

- Wichtige Mini-Wörter ............................................... 134
- Wörterliste von A bis Z ............................................. 135–143

## Übersicht zu den Kompetenzen — 144–147

# Das sind wir ...

Ich heiße Elsa.
Mein kleiner Hund Uno
folgt mir auf Schritt
und Tritt – außer wenn
ich in die Schule gehe.
Dann bleibt er natürlich
zu Hause.

Hallo, ich heiße Lulu.
Meine Hobbys sind
Malen und Judo.
Außerdem macht es mir Spaß,
spannende Rätsel zu lösen
und Neues zu entdecken.

Hi, ich bin Paul.
Ich finde gern heraus,
wie Dinge funktionieren.
Das hilft uns auch manchmal
bei unseren Fällen.
Meine allerbeste Freundin
ist meine Hündin Murmel.

Hallo, ich bin Umut!
Ich erzähle voll gern
Geschichten – besonders
über unsere Detektivabenteuer.
Unsere Fälle sind nämlich
oft richtig cool!

Texte verfassen
# Ein Ferien-Lapbook kennenlernen

**1** Betrachte das Lapbook. Was fällt dir auf?
Was gefällt dir gut? Tausche dich mit einem Partnerkind aus.

Das habe ich in den Ferien gespielt:
- am Strand gebuddelt
- Zelten mit Lulu

Diese Orte und Personen habe ich besucht:
- Schwimmbad
- Opa
- Amrum

Das habe ich am liebsten in den Ferien gemacht:

Das fand ich in den Ferien nicht so schön:
- Regenwetter

Das habe ich aus den Ferien mitgebracht:

Mein schönstes Ferienerlebnis:
Als ich bei meiner Freundin Lulu übernachten durfte, ... haben wir draußen im Zelt geschlafen. Nachts, als alle schliefen ...

Mein schönster Schnappschuss aus den Ferien:

Seite 115

**2** Was erfährst du über Elsas Ferien?

**3** Wie hat Elsa ihr Ferien-Lapbook gestaltet?

**4** Worüber möchtest du in deinem Ferien-Lapbook erzählen?
Schreibe deine Ideen auf.

Seite 121

| das Fahrrad | das Schiff | glücklich | interessant |
| schwimmen | Europa | packen | Deutschland |
| der Strand | das Meer | der Fluss | die Ferien |
| erleben | draußen | der Urlaub | treffen |
| die Stadt | das Flugzeug | der Zug | die Hitze |

Seite 129

› funktionsangemessen sprechen: erzählen, argumentieren    › Arbeitsheft, Seite 7, 8, 9
› nach Anregungen Texte schreiben
› Wortschatz erweitern und selbstständig üben

Texte verfassen

# Ein Ferien-Lapbook planen und schreiben

Für mein schönstes Ferienerlebnis nehme ich die Klappblume.

Nein, das passt doch gar nicht, du brauchst mehr Platz zum Schreiben.

Seite 115

1  Suche dir zu deinen Ideen passende Vorlagen zum Aufschreiben aus. Achte darauf, wie viel Platz du brauchst.

2  Schreibe deine Texte und Notizen auf die Vorlagen und klebe diese in dein Lapbook ein.

3  Beschrifte die Vorlagen mit passenden Überschriften.

Ich klebe ein Foto meiner Lieblingsband ein.

Ich gestalte mein Lapbook noch bunt.

**ACHTUNG   ACHTUNG   ACHTUNG**

Seite 115

**Lapbook**

Wenn ich ein Lapbook zu einem Thema anlegen möchte,
- sammle ich Ideen und interessante Informationen und notiere Stichwörter oder Texte dazu.
- wähle ich Vorlagen aus und übertrage meine Texte.
- klebe ich die Vorlagen ein und gestalte alles sorgfältig.

› informierenden Text verfassen: Lapbook  › Arbeitsheft, Seite 7, 9
› verständlich, strukturiert und adressatengerecht schreiben
› Texte präsentieren und gestalten

Sprache untersuchen
# Satzglieder kennenlernen

 **1** Überlege: An welcher Stelle im Satzbus können die Wortkarten platziert werden? Es gibt zwei Möglichkeiten.

Das ist die Reiseleitung. Sie bestimmt, wer im Bus mitfahren darf und wohin die Reise geht.

 **2** Schreibe die Sätze auf.

 **3** Bilde mit den Wortkarten drei Sätze. Jeder Satz soll anders beginnen. Du musst alle Wortkarten verwenden.

 **4** Kreise in jedem Satz ein, was vor der Reiseleitung steht. Was fällt dir auf?

Sätze bestehen aus mehreren Teilen, das können einzelne Wörter oder mehrere Wörter sein, die zusammengehören. Diese Satzteile nennt man **Satzglieder**. Sie können ihren Platz im Satz verändern.

## Sprache untersuchen
## Satzglieder erkennen

**1** Welche Wörter kannst du zusammen vor der Reiseleitung platzieren? Probiere alle Möglichkeiten aus.

> Elsa **fährt** mit dem Bus zu Paul.
> Im Bus **lesen** viele Menschen Zeitung.
> Während der Fahrt **schaut** Elsa aus dem Fenster.

**2** Schreibe die Sätze auf und kreise jedes Satzglied ein.

*Schreibe den Satzanfang groß.*

**3** Schreibe die Sätze auf.
Wende die Busprobe an und kreise die Satzglieder ein.

> Umut **testet** im Meer seinen neuen Schnorchel.
> Paul **liegt** mit seiner neue Luftmatratze auf dem Rasen.

**4** Was könnte Elsa antworten?

*Wie hast du das herausbekommen?*

*Mein Satz hat drei Satzglieder.*

| Ich | schwimme | jede Woche | im Schwimmbad |

**ACHTUNG ACHTUNG ACHTUNG**

**so gehen wir vor:**
Wenn du herausfinden willst, aus welchen Satzgliedern ein Satz besteht, wendest du die **Busprobe** an.
Du testest, welches Wort oder welche Wortgruppe **vor der Reiseleitung** platziert werden kann.

› sprachliche Operationen kennen und nutzen: Vorfeldprobe     › Arbeitsheft, Seite 10, 11
› Struktur von Sätzen erkennen: Satzglieder
› grundlegende sprachliche Begriffe kennen: Satzglied

Sprache untersuchen
# Sätze untersuchen: Prädikat

 **1** Betrachte den Platz der Reiseleitung.
Um welche Wortart handelt es sich?

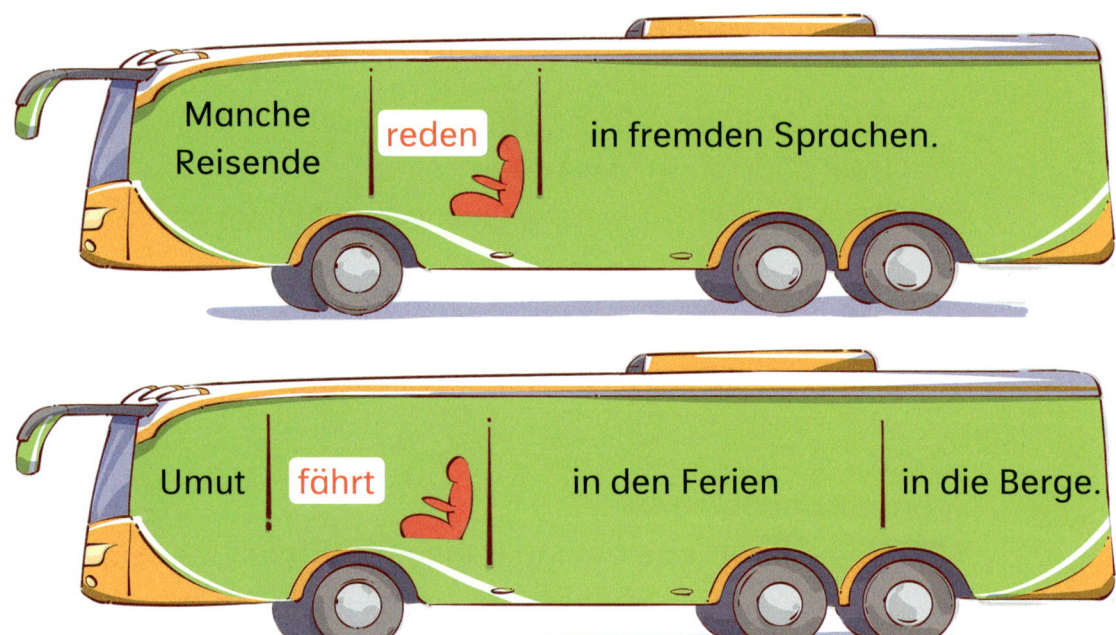

 **2** Ist das bei diesen Sätzen auch so?
Schreibe sie ab und kreise das Verb ein.

> Ein Fahrgast erzählt den anderen Reisenden Witze.
> Morgens reinigt eine Firma den gesamten Bus.
> Die Reiseleitung sitzt immer auf dem gleichen Platz.
> Unterwegs passieren manchmal verrückte Dinge.

 **3** Wende die Busprobe an
und kreise in den Sätzen die Satzglieder ein.

**ACHTUNG ACHTUNG ACHTUNG**

**Das haben wir herausgefunden!**

In einem Aussagesatz steht an **zweiter Position** (Reiseleitung) immer ein **Verb**.
Das nennt man auch **Prädikat**.

› sprachliche Operationen kennen und nutzen: Vorfeldprobe
› Struktur von Sätzen erkennen: Satzglieder
› grundlegende sprachliche Begriffe kennen: Prädikat
› Arbeitsheft, Seite 12

# Sprache untersuchen
## Sätze untersuchen: zweiteiliges Prädikat

**1** In diesem Satz gibt es ganz hinten ein weiteres Wort. Zu welchem Wort gehört es?

Die Kinder | stempeln | ihre Fahrkarten | im Bus | ab.

**2** Wende die Busprobe an und stelle den Satz zweimal um. Kreise die Satzglieder ein. Was fällt dir auf?

**3** Bilde mit den Verben Sätze und schreibe sie auf. Schreibe so: Der Reisebus fährt pünktlich ab.

| abfahren | einpacken | aussteigen | einschlafen |

**4** Bilde Sätze und schreibe sie auf. Kreise beide Prädikatsteile ein und verbinde sie.

> reist  Am  Paul  Montag  ab  .
> ab  die  Der  setzt  Busfahrer  Reisegruppe  .

**ACHTUNG  ACHTUNG  ACHTUNG**

**Das haben wir herausgefunden!** In manchen Sätzen besteht das **Prädikat aus zwei Teilen**. Der zweite Teil steht **am Ende**:
Der Bus fährt pünktlich ab.

› sprachliche Operationen kennen und nutzen: Vorfeldprobe
› Struktur von Sätzen erkennen: Satzglieder
› grundlegende sprachliche Begriffe kennen: zweiteiliges Prädikat
› Arbeitsheft, Seite 13

## Sprache untersuchen
## Sätze untersuchen: Fragesätze

**1** Schreibe den Satz ab und kreise das Verb und den Punkt am Satzende ein.

> Am Bahnhof warten viele Züge.

**2** Stelle den Satz so um, dass der Platz vor der Reiseleitung leer bleibt. Es gibt zwei Möglichkeiten. Schreibe sie auf.

**3** Was hat sich am Satz verändert? Tausche dich mit einem Partnerkind aus.

Seite 132

**4** Überprüfe eure Beobachtung und stelle das Verb bei diesen Sätzen an den Satzanfang. Schreibe die Sätze auf. Kreise das Verb und das Fragezeichen ein.

> Manche Fahrgäste haben keinen Fahrschein.
> Am Gleis weht ein kalter Wind.
> Manchmal kommen Züge ein bisschen später.
> Umut und Lulu sitzen im Zug gern am Fenster.

Überlege, welches Satzschlusszeichen passt.

---

**ACHTUNG   ACHTUNG   ACHTUNG**

**Das haben wir herausgefunden!**

Wenn das **Verb am Anfang des Satzes** steht, ist der Satz ein **Fragesatz** und endet mit einem Fragezeichen.

[Verpasst] Lulu den Zug[?]

> sprachliche Operationen kennen und nutzen: Vorfeldprobe
> Struktur von Sätzen erkennen: Satzglieder
> grundlegende sprachliche Begriffe kennen: Fragesatz
> Arbeitsheft, Seite 14

Sprache untersuchen
# Mit Satzgliedern Sätze erweitern

**1** Worüber denken Elsa und Umut nach?

**2** Sag es genauer. Schreibe deine verlängerten Sätze auf.

Pauls Onkel **fliegt** mit dem Flugzeug.

Viele Kinder **fahren** mit dem Roller.

Wann?
Wie lange?
Wohin?
Wie?

**3** Wähle einen der beiden Sätze aus.
Wende die Busprobe an und schreibe alle möglichen Sätze auf.
Kreise die Satzglieder ein.

**4** Bilde einen Satz mit vielen Satzgliedern.
Lass ein Partnerkind die Satzglieder einkreisen.

Wer?
Womit?
Wohin?
Wie lange?
Warum?

fahren

Seite 132

ACHTUNG ACHTUNG ACHTUNG

**Das haben wir herausgefunden!**

Du kannst Informationen in einem Satz ergänzen, indem du **Satzglieder hinzufügst**.
Der Satz wird dadurch länger.

› sprachliche Operationen kennen und nutzen: Erweitern
› Struktur von Sätzen erkennen: Satzglieder
› grundlegende sprachliche Begriffe kennen: Satzglied
› Arbeitsheft, Seite 15

Richtig schreiben

# Rechtschreibstrategien verwenden: Vokallänge prüfen

 **1** Setze die fehlenden Vokale in die Nomen ein.
Schreibe sie auf und setze Silbenbögen.

| Sch_fe | R_be | St_fte | L_se | H_te | N_sse | P_lze |
|---|---|---|---|---|---|---|
| Sch_ffe | S_ppe | Br_lle | W_gen | T_ller | H_pe | L_ppe |

 **2** Entscheide, ob der eingesetzte Vokal kurz oder lang ist und markiere mit . oder _.

 **3** Erzähle einem Partnerkind,
was du über offene und geschlossene Silben weißt.

Seite 132

 **4** Schreibe die Nomen auf, setze Silbenbögen
und markiere die Vokallänge.

**ACHTUNG   ACHTUNG   ACHTUNG**

*Das haben wir herausgefunden!*

Ist der Vokal in der ersten Silbe **kurz**, wird die Silbe mit einem Konsonanten **geschlossen**:
Kinder, Schüssel
Ist der Vokal **lang**, bleibt die Silbe **offen**:
Besen, Dose

› Lautqualität von Vokalen untersuchen
› Struktur von Silben untersuchen
› grammatisches Wissen für Rechtschreibung nutzen
› Arbeitsheft, Seite 16

# Richtig schreiben
## Wörter mit doppelten Konsonanten schreiben

**1** Lies die Wörter halblaut.
Finde die Wortgrenzen und mache Lesepausen.

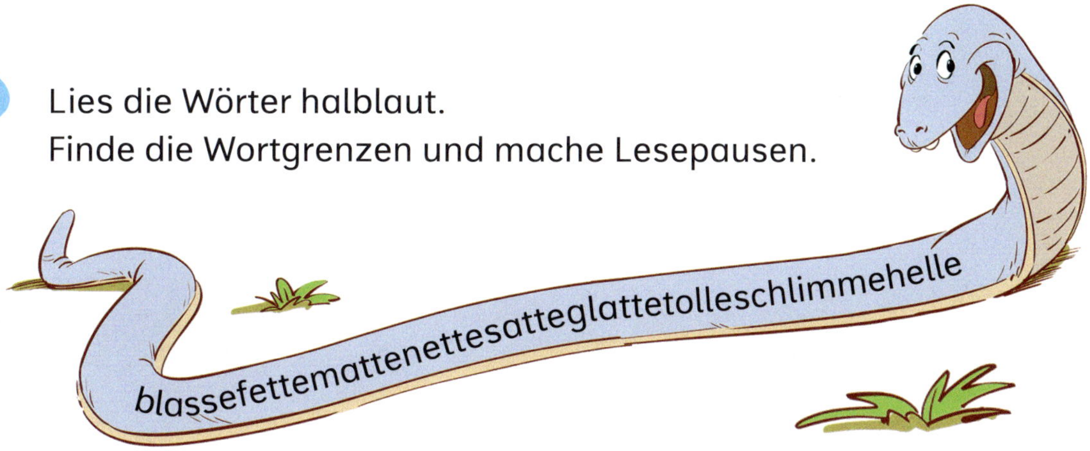

blassefettemattenettesatteglattetolleschlimmehelle

**2** Schreibe die Wörter auf.
Setze Silbenbögen unter die Wörter
und markiere in der ersten Silbe die Vokallänge.

*Die zweite Silbe beginnt immer mit einem Konsonanten.*

**3** Was haben die Wörter aus der Wörterschlange gemeinsam?
Kreise die Konsonanten nach dem Vokal ein.
Tausche dich mit einem Partnerkind aus.

Seite 132

**4** Beschreibe und schreibe so:
Der Hund ist schnell. – der schnelle Hund

### ACHTUNG  ACHTUNG  ACHTUNG

**so gehen wir vor:**

Ist der Vokal in der ersten Silbe **kurz**
und du hörst nur **einen Konsonanten**,
musst du ihn **verdoppeln**.
schnelle, schnell

› Lautqualität von Vokalen untersuchen
› Rechtschreibstrategien verwenden: Vokallänge
› grammatisches Wissen für Rechtschreibung nutzen

› Arbeitsheft, Seite 17

# Richtig schreiben
## Wörter mit doppelten Konsonanten schreiben

 **1** Welche Verben werden hier dargestellt?
Schreibe sie in ihrer Grundform auf,
setze Silbenbögen und markiere die Vokallänge.

 **2** Bilde die Personalformen der Verben
mit **ich, du, er** und **ihr**. Schreibe so:
rennen: ich renne, du rennst, er rennt, ihr …

 **3** Schreibe die Verben in ihrer Grundform auf.
Setze Silbenbögen und markiere die Vokallänge.
Schreibe so: er bittet – bitten, …

er bittet · sie knurrt · ich klettere · ich plappere · sie schnurrt · du rollst · es hoppelt · ihr schummelt

 **4** Erkläre einem Partnerkind, warum die Grundform
beim Schreiben der Personalform hilft.

Seite 132

### ACHTUNG ACHTUNG ACHTUNG

**so gehen wir vor:**

Bei Verben mit **doppelten Konsonanten** in der **Grundform** schreibe ich die doppelten Konsonanten auch in den **Personalformen**.
rennen: ich renne, du rennst, er rennt

› Stammprinzip beachten
› Rechtschreibstrategien verwenden: Vokallänge
› grammatisches Wissen für Rechtschreibung nutzen
› Arbeitsheft, Seite 18

# Richtig schreiben
## Wörter mit doppelten Konsonanten schreiben

**1** Finde Reimpaare und schreibe so: Sonne – Tonne, …

| Kanne | Dreck | Sonne | kennen | Tonne | nennen | Kammer |
|---|---|---|---|---|---|---|
| Witz | Puppe | Tanne | Fleck | Hammer | Schlitz | Suppe |

**2** Sprich die Wörter einmal mit langem Vokal und einmal mit kurzem Vokal. Was klingt richtig? Schreibe die Wörter auf und markiere die Vokallänge.

| Schale | Wellen | Nüsse | Brote | Balken | Füße | Bälle |

*Langer Vokal? Kurzer Vokal?*

**3** Schreibe die Wörter richtig auf.

| Be t/tt | Hu t/tt | Ta l/ll | Ku s/ss | Ba l/ll |
|---|---|---|---|---|
| Fa l/ll | Schlu s/ss | Nu l/ll | Sta l/ll | Schwa m/mm |

**4** Spielt ein Rätselspiel wie Lulu und Paul.
Sucht euch einen Begriff mit doppelten Konsonanten und erklärt eurem Partnerkind den Begriff, ohne ihn zu verraten. Findet auch eigene Adjektive mit Doppelkonsonanten.

| nett | dumm | voll |
| dünn | fett | billig |
| offen | flüssig | nass |

Seite 132

› Stammprinzip beachten
› Rechtschreibstrategien verwenden: Vokallänge
› grammatisches Wissen für Rechtschreibung nutzen

› Arbeitsheft, Seite 19

Texte verfassen
# Ein Ferien-Lapbook überarbeiten

 1    Was ist hier gut gelungen? Was nicht?
Tausche dich mit einem Partnerkind aus.
Welche Tipps könnt ihr geben?

Seite 132

Schaut auch auf Seite 9 und Seite 21.

 2    Schau dir dein eigenes Lapbook noch einmal an.
Was ist dir gut gelungen?
Was kannst du noch verbessern?
Prüfe, wo du dein Lapbook überarbeiten willst.

Seite 115

› Texte an der Schreibaufgabe überprüfen
› Schreibabsicht, Schreibsituation, Adressaten und Verwertungszusammenhang klären

› Arbeitsheft, Seite 20

## Texte verfassen
## Ein Ferien-Lapbook gestalten

Seite 127

 **1** Präsentiert eure Ferien-Lapbooks in einem Museumsrundgang. Bewertet gegenseitig eure Lapbooks und füllt Lobkarten aus. Achtet auf folgende Punkte:
- Du hast gute Ideen gehabt.
- Du hast die Vorlagen passend ausgewählt.
- Du hast dein Lapbook schön gestaltet.
- Du hast sorgfältig gearbeitet.

Seite 132

› Texte in Bezug auf die äußere und sprachliche Gestaltung und auf die sprachliche Richtigkeit hin optimieren
› Texte für die Veröffentlichung aufbereiten

› Arbeitsheft, Seite 20

 **1** Lies den Lupentext.

> **Umut träumt von den Ferien**
> Umut geht gern in die Schule. Doch manchmal träumt er von unendlichen Ferien. Dann segelt er mit einem Schiff um die Welt und besucht fremde Länder. In der Wüste reitet er auf einem Kamel. Im Dschungel beschwört er Schlangen und im Ozean schwimmt er mit Delfinen. Er kann jeden Tag schlafen, so lange er will, und muss keine Hausaufgaben machen. Doch dann vermisst er seine liebsten Freunde und die spannenden Tage mit ihnen.
> Umut denkt noch einmal über unendliche Ferien nach.

Seite 131

 **2** Führe ein Lerngespräch mit einem Partnerkind.
Achtet auf die eingekreisten Wörter.
Seite 132  Warum sind sie schwierig zu schreiben?
Erklärt euch die richtige Schreibweise.

 **3** Schreibe die eingekreisten Verben in ihrer Grundform auf.
Setze Silbenbögen und kennzeichne die Vokallänge.
Schreibe so: er schwimmt – schwimmen, …

 **4** Bilde die Personalformen der Verben mit **ich**, **du**, **er** und **ihr**.
Schreibe so: schwimmen: ich schwimme, du schwimmst, …

 **5** Erkläre einem Partnerkind, warum die Grundform beim Schreiben der Personalform hilft.

› Übungsformen selbstständig nutzen
› über Fehlersensibilität und Rechtschreibgespür verfügen
› an Wörtern und Texten arbeiten

› Arbeitsheft, Seite 21

**1** Stelle den Satz zweimal um.
Wende dafür die Busprobe an.
Schreibe alle drei Sätze auf.

> In der Wüste reitet Umut auf einem Kamel.

**2** Kreise die Satzglieder ein.
Wende dafür die Busprobe an.

**3** Führe ein Lerngespräch mit einem Partnerkind:
- Weshalb hilft die Busprobe, die Satzglieder zu finden?
- Was steht beim Aussagesatz immer an zweiter Position?

**4** Schreibe die Sätze ab
und kreise die Verben (Prädikate) ein.
Achtung:
Manche Verben (Prädikate) bestehen aus zwei Teilen!

> Umut schläft jeden Tag aus.
> Manchmal steht er früh auf.
> Dann klettert er auf hohe Bäume.
> Von dort oben schaut er auf die weite Welt.

**5** Wähle drei Wörter aus dem Kasten aus
und nimm sie unter die Lupe.
Schreibe alles auf, was du zu den Wörtern weißt.

Seite 132

> Schule   träumen   Schiff   spannend   Freund   segeln

› Rechtschreib- und Grammatikwissen anwenden
› Begründungen und Erklärungen geben
› grundlegende sprachliche Begriffe und Strukturen kennen

› Arbeitsheft, Seite 22

# Detektivwissen überprüfen

- Ferien-Lapbook planen und gestalten
- Satzglieder kennenlernen und erkennen
- Vokallänge erkennen
- Wörter mit doppelten Konsonanten schreiben

Seite 133

**Ich kenne mich aus mit Satzgliedern.**

richtig  falsch

Sätze bestehen aus mehreren Teilen.
Das können einzelne oder mehrere Wörter sein.

Satzglieder können ihre Position im Satz nicht verändern.

Bei der Busprobe teste ich, welches Wort hinter der Reiseleitung platziert werden kann.

In einem Aussagesatz steht an zweiter Position als Reiseleitung immer ein Verb.

**Ich kenne mich aus bei Wörtern mit doppelten Konsonanten.**

Wenn ich in der ersten Silbe einen langen Vokal und nur einen Konsonanten höre, muss ich ihn doppelt schreiben.

Hat ein Wort in der Grundform einen doppelten Konsonanten, dann schreibe ich in der Personalform nur einen Konsonanten.

› über Lernerfahrungen sprechen
› eigenen Lernstand einschätzen und Lernschritte planen
› Lernergebnisse präsentieren

Schaue zuerst auf Seite 133!

# Kapitel 2
## essen – bewegen – genießen

sprechen
murmeln
fragen
antworten
bemerken
erzählen
...

Samstagvormittag in der Stadt ...

Hey!

Wem gehört das wohl?

Was sollen wir jetzt mit diesem Schüsselbund tun?

Irgendjemand wird es sicherlich schon vermissen.

Wie öffne ich meine Haustür, wenn ich meinen Schlüssel verloren habe?

Seite 129

## Texte verfassen
# Einen Comic kennenlernen

 **1** Sieh dir den Comic genau an.

In der Koch-AG

 **2** Was ist das Besondere an einem Comic?
Tausche dich mit einem Partnerkind aus.

Seite 132

 **3** Erzählt euch den Comic und findet ein passendes Ende.

 **4** Schreibt das Ende eurer Geschichte auf.

 **5** Spielt den Comic nach.

### ACHTUNG  ACHTUNG  ACHTUNG

**Merkmale von Comics**
- Ein Comic erzählt in mehreren Bildern eine Geschichte.
- In Erzählkästen stehen zusätzliche Informationen.
- In Sprech- und Denkblasen steht, was die Figuren denken und sprechen.
- Der Gesichtsausdruck drückt aus, was die Figur fühlt.
- Linien deuten Bewegungen an (Speedlines).
- Wörter geben Geräusche wieder (Soundwörter).

Seite 116

› Textsorten kennen und verstehen: Comic  › Arbeitsheft, Seite 25
› nach Anregungen eigene Texte schreiben: Geschichtenende
› sprachliche Mittel und Ideen sammeln

## Texte verfassen
# Einen Schluss zu einem Comic erfinden

 **1** Lies den Comic.

Im Sportunterricht

 **2** Finde einen passenden Schluss.
Erzähle die Geschichte einem Partnerkind.

Seite 132

 **3** Überlegt gemeinsam:
Welche Informationen aus dem Comic habt ihr genutzt,
um die Geschichte zu erzählen?
Passt der Schluss zum Anfang der Geschichte?

 **4** Schreibe den Schluss deiner Geschichte auf
und male das passende Bild.

Seite 116

**5** Male einen Comic zu einem Ereignis in der Schule.

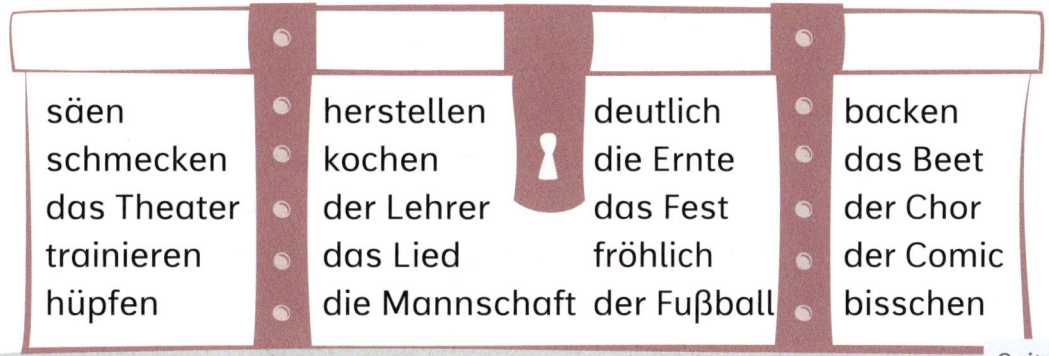

| säen | herstellen | deutlich | backen |
| schmecken | kochen | die Ernte | das Beet |
| das Theater | der Lehrer | das Fest | der Chor |
| trainieren | das Lied | fröhlich | der Comic |
| hüpfen | die Mannschaft | der Fußball | bisschen |

Seite 129

› sprachliche Mittel und Ideen sammeln
› strukturiert und adressatengerecht schreiben
› Wortschatz erweitern und selbstständig üben

› Arbeitsheft, Seite 24, 25

## Sprache untersuchen
## Satzschlusszeichen kennen und anwenden

 **1** Lies den Text.

> Kinder können auch im Rollstuhl Sport treiben beim Rollstuhl-Tischtennis üben wir zuerst mit dem Rollstuhl sicher umzugehen wir machen viele verschiedene Spiele dabei haben wir viel Spaß unsere Trainer sind erwachsene Rollstuhlfahrer wir spielen fast nach denselben Regeln wie die Fußgänger in der Tischtennis-AG in der Schule trainiere ich auch mit Fußgänger-Kindern

 **2** Was fällt dir beim Lesen auf?
Tausche dich mit einem Partnerkind aus.

Seite 132

 **3** Überlege, wo ein Satz zu Ende ist.
Schreibe den Text ab. Denke an die Satzschlusszeichen und die Großschreibung am Satzanfang.

 **4** Kreise die Satzanfänge und die Satzschlusszeichen ein.

 **5** Lies deinen Text einem Partnerkind halblaut vor.
Mache dabei nach jedem Punkt eine kurze Pause.

**ACHTUNG ACHTUNG ACHTUNG**

*Das haben wir herausgefunden!*

**Merkmale von Sätzen**
Ein Satz beginnt mit einem **großen Buchstaben** und endet mit einem **Satzschlusszeichen**.
Wer ist Pauls Trainer? Ein erwachsener Rollstuhlfahrer ist sein Trainer. Super!
Sätze und Texte werden dadurch leichter lesbar.

› Struktur eines Satzes erkennen
› Satzschlusszeichen kennen und anwenden
› Satz als Sinneinheit erkennen
› Arbeitsheft, Seite 26

## Sprache untersuchen
## Fragesätze und Fragewörter kennen

 **1** Setze die passenden Fragewörter bei Lulus Fragen ein.
Schreibe die Sätze vollständig auf und kreise die Fragewörter ein.

Fängt deine Arbeit morgens früh an?
Bestimmst du, was gekocht wird?
Arbeitest du allein in der Küche?
Kannst du auch Pizza backen?
Magst du Nudeln mit Tomatensoße?

*Was? Wann? Warum? Wie viele? Wer?*

- ▮ beginnst du mit der Arbeit?
- ▮ bestimmt, was gekocht wird?
- ▮ Mitarbeiter gibt es in der Küche?
- ▮ gibt es nie Pizza in der Mensa?
- ▮ isst du am liebsten?

 **2** Spielt beide Gespräche nach.
Überlegt: Wer bekommt mehr Informationen? Warum?

Seite 132

 **3** Formuliert eigene Fragen an eine Person aus der Schule.

---

### ACHTUNG ACHTUNG ACHTUNG

**Merkmale von Fragesätzen**

*Das haben wir herausgefunden!*

**Offene Fragen** beginnen mit einem Fragewort.
Mit Fragewörtern kannst du Informationen erfragen:
**Was** kochst du am liebsten? **Warum** bist du Koch geworden?
**Geschlossene Fragen** beginnen mit einem Verb.
Der Gefragte trifft eine Entscheidung und antwortet mit **Ja** oder **Nein**:
**Magst** du deinen Beruf?
Alle Fragesätze enden immer mit einem **Fragezeichen**.

› unterschiedliche Satzarten kennen  › Arbeitsheft, Seite 27
› Satzschlusszeichen setzen: Fragezeichen
› Merkmale von offenen/geschlossenen Fragen erkennen

# Sprache untersuchen
## Ausrufe und Aufforderungen kennen

1. Lies die Sätze in den Sprechblasen halblaut.
Achte auf die Betonung und die Satzschlusszeichen.

2. Was unterscheidet die Sätze?
Tausche dich mit einem Partnerkind aus.

Seite 132

*Sätze mit einem Ausrufezeichen am Ende haben zwei unterschiedliche Funktionen.*

3. Sortiere die Sätze in zwei Gruppen. Schreibe so:
Aufforderungen: Gib mir die Butter! …
Ausrufe: Lecker! …

4. Was könnten die Kinder in der Schulküche noch rufen?
Schreibe eigene Aufforderungen und eigene Ausrufe.

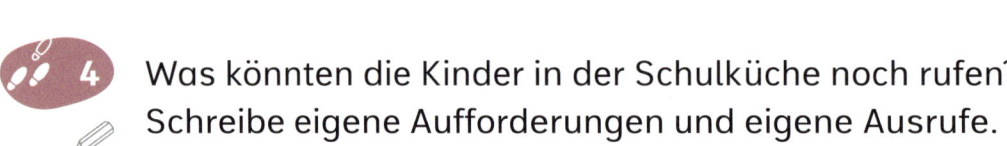

**Das haben wir herausgefunden!**

**Merkmale von Sätzen mit Ausrufezeichen**
Es gibt Sätze, mit denen jemand etwas ausruft (**Ausruf**): Hilfe! Oh, nein! Es gibt Sätze, mit denen jemand aufgefordert wird (**Aufforderung**) und die mit einem Verb beginnen: Gib mir den Löffel! Am Ende von Ausrufen und Aufforderungen steht ein **Ausrufezeichen**.

› unterschiedliche Satzarten kennen
› Satzschlusszeichen setzen: Ausrufezeichen
› Merkmale von Ausrufen und Aufforderungen erkennen
› Arbeitsheft, Seite 27

Sprache untersuchen
# Satzschlusszeichen verwenden

**1** Lies den Text halblaut.

Liebe Oma,

heute möchte ich dir von meiner neuen AG in der Schule erzählen■ Die ist so toll■ Jeden Donnerstag gehe ich jetzt mit neun anderen Kindern in die Garten-AG zu Frau Fichte■ Stell dir vor, sie ist eigentlich Gärtnerin und kennt sich mit Pflanzen richtig gut aus■ Im Frühling werden wir verschiedene Samen aussäen■ Ich freue mich schon auf die Ernte im Sommer■ Juhu■ Kannst du dir vorstellen, was wir mit dem Obst und Gemüse tun werden■ Wir stellen Marmelade und Sirup her■ Das verkaufen wir dann alles auf dem Markt■ Kommst du vorbei und kaufst auch etwas■

Ich vermisse dich■ Komm bald■
Umut

**2** Überlege, ob es sich bei einem Satz um eine Aussage, eine Frage, einen Ausruf oder eine Aufforderung handelt. Entscheide, welches Satzschlusszeichen du einsetzen musst.

**3** Schreibe den Text mit Satzschlusszeichen auf. Tausche dich mit einem Partnerkind aus und begründe deine Entscheidungen.

Seite 132

**4** Schreibe einen Brief über Erlebnisse in deiner Schule. Formuliere auch Fragen, Ausrufe und Aufforderungen.

› Funktion unterschiedlicher Satzarten nutzen und passende Satzschlusszeichen setzen
› Sätze bilden und Satzschlusszeichen ergänzen
› Arbeitsheft, Seite 28

## Sprache untersuchen
## Wörtliche Rede kennenlernen

 **1** Vergleiche die Sprechblase mit dem Zettel. Was meint Elsa?

 **2** Was unterscheidet die Sätze aus Aufgabe 1 vom Beispielsatz im Kasten? Tausche dich mit einem Partnerkind aus.

> Die Köchin sagt: „In meiner AG kochen wir leckere und gesunde Gerichte."

 **3** Schreibe die Sätze aus Aufgabe 1 auf wie im Beispiel und kreise die Anführungszeichen ein.

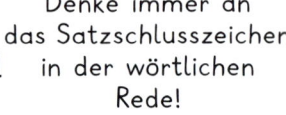

Denke immer an das Satzschlusszeichen in der wörtlichen Rede!

 **4** An welchen AGs könnten die Detektive teilnehmen? Schreibe Sätze mit wörtlicher Rede. Schreibe so:
Paul meint: „Ich gehe in die Garten-AG, weil ..."

**ACHTUNG** **ACHTUNG** **ACHTUNG**

**Das haben wir herausgefunden!**

**Merkmale der wörtlichen Rede**
Wenn jemand in einem Text spricht, nennt man das **wörtliche Rede**. Damit man diese erkennt, steht **vor** der wörtlichen Rede oft ein **Begleitsatz**. Er endet mit einem **Doppelpunkt**.
Die wörtliche Rede beginnt mit **Anführungszeichen unten** und endet mit **Anführungszeichen oben**.
Der Sportlehrer sagt: „In der Sport-AG spielen wir mit verschiedenen Bällen."

## Sprache untersuchen
# Wörtliche Rede verwenden

 **1** Lies den Zeitungsbericht halblaut. Was fällt dir auf?

### Großes Angebot an AGs in der Grundschule in Neustadt

Bei einem längeren Besuch in der Grundschule kann man in den AGs viele aktive Kinder beobachten. Unserem Reporter erzählen die Kinder, was ihnen besonders gefällt. Aurora berichtet: Ich experimentiere sehr gern. Gestern haben wir Seife hergestellt. Ali ruft aufgeregt: Ich mag Sport am liebsten! In der AG habe ich Handballspielen gelernt. Auch Zara erzählt ganz begeistert: Ich arbeite so gern im Garten. Gestern haben wir Kartoffeln geerntet. So macht Schule großen Spaß!

 **2** Suche die wörtliche Rede.
Tausche dich mit einem Partnerkind aus.

 **3** Schreibe den Text ab. Setze die Anführungszeichen ein.

 **4** Unterstreiche die Begleitsätze und die wörtliche Rede in unterschiedlichen Farben.

 **5** Welche Wörter zeigen, dass jemand spricht? Diese Wörter gehören zum Wortfeld **sprechen**. Kreise sie ein.

Seite 121

 **6** Welche Wörter zum Wortfeld **sprechen** kennst du noch? Schreibe sie auf.

### ACHTUNG ACHTUNG ACHTUNG

Das haben wir herausgefunden!

**Merkmale der wörtlichen Rede**
Ein **Begleitsatz** zeigt an, dass wörtliche Rede folgt.
Er drückt aus, **wer** spricht und **wie** er es tut.

Frau Engel schreit: … Tom sagt traurig: … Maria flüstert: …

› Wörter sammeln und ordnen: Wortfeld
› Funktion des Begleitsatzes kennenlernen
› grundlegende sprachliche Begriffe kennen: Begleitsatz

› Arbeitsheft, Seite 29, 30

# Richtig schreiben
## Wörter in Silben gliedern

 **1** Sprich die Wörter langsam in Silben und schwinge sie.

> Kleiderbügel   Daumen   Fensterscheibe   Kuchen   Finger
> Hundeleine   Ameise   Wagen   Käse   Fledermaus   Eule

 **2** Schreibe die Wörter auf. Setze Silbenbögen.

 **3** Finde die Wortgrenzen. Schreibe die Nomen auf.
Achte auf die Großschreibung.

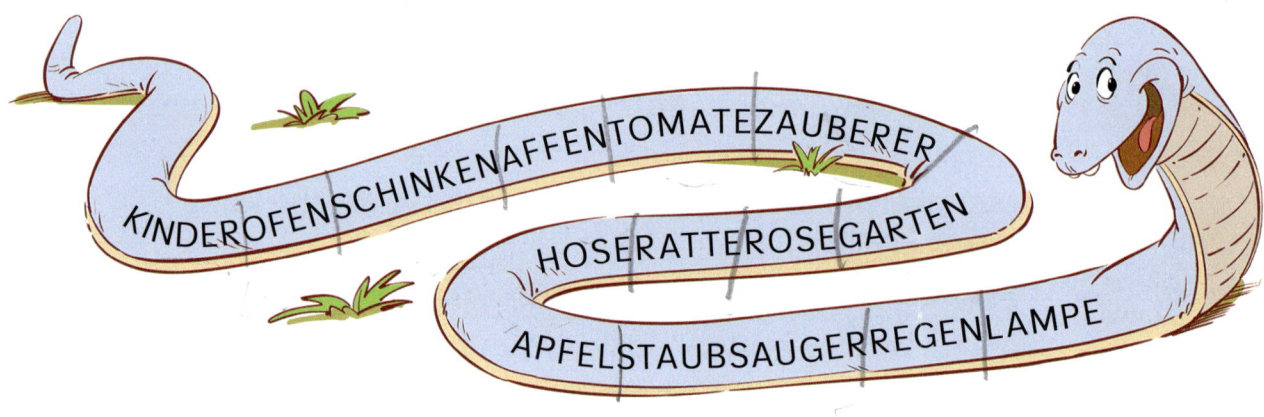

KINDEROFENSCHINKENAFFENTOMATEZAUBERER
HOSERATTEROSEGARTEN
APFELSTAUBSAUGERREGENLAMPE

 **4** Setze Silbenbögen.

 **5** Finde Reimwörter zu den Bildern.
Schreibe die Wörter auf und setze Silbenbögen.

L ▪▪▪▪    K ▪▪▪▪    H ▪▪▪    K ▪▪▪▪    Gr ▪▪▪
Tr ▪▪▪▪   B ▪▪▪▪    D ▪▪▪    N ▪▪▪▪    Kn ▪▪▪

› Rechtschreibstrategien verwenden: Schwingen      › Arbeitsheft, Seite 31
› Wörter in Sprechsilben gliedern
› Rechtschreibgespür entwickeln

# Richtig schreiben
## Silbenkerne erkennen und nutzen

 **1** Bilde aus den Silben Wörter und schreibe sie auf.

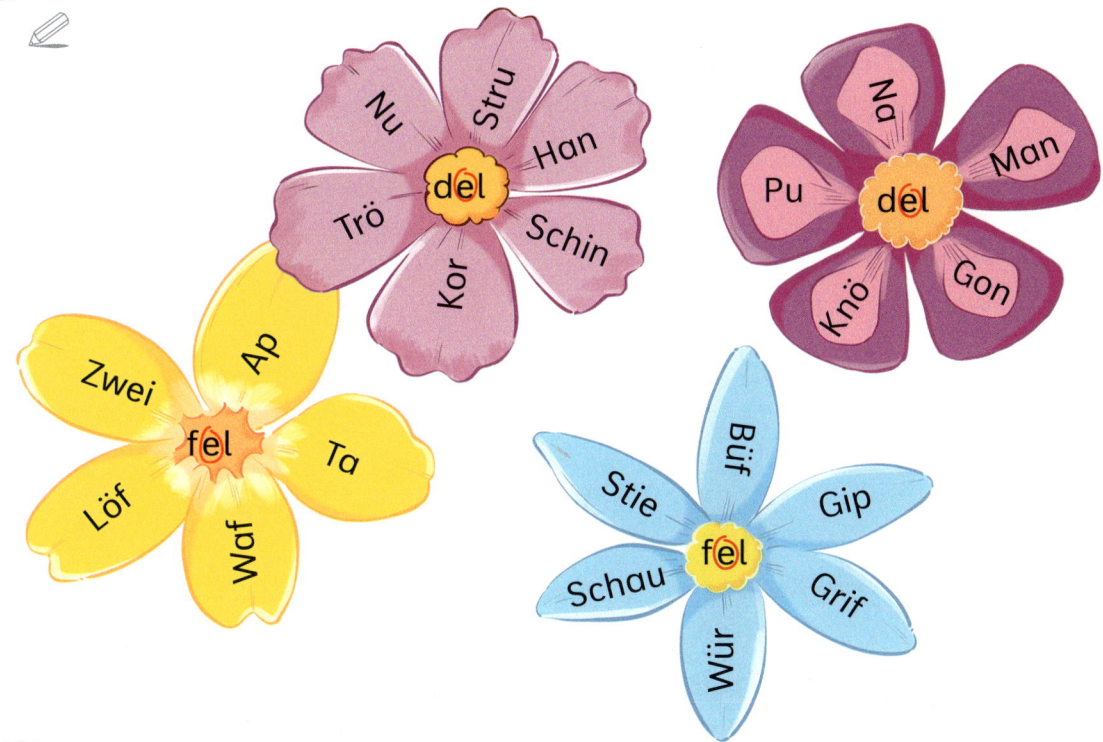

 **2** Setze Silbenbögen und kreise das versteckte **e** ein.

 **3** Sprich die Wörter in Silben.

| | | | | | |
|---|---|---|---|---|---|
| Pfeffer | Hafen | Räuber | Ofen | Roller | Kragen |
| Jäger | Regen | Blumen | Reifen | Schäfer | Kiefer |
| Faden | Feuer | Schlitten | Adler | Knoten | Gärtner |

 **4** Schreibe die Wörter auf. Schreibe so:

| Wörter mit en am Ende | Wörter mit er am Ende |
|---|---|
| Ofen | ... |

 **5** Finde weitere Wörter mit verstecktem **e**.

› Rechtschreibstrategien verwenden: Schwingen
› grammatisches Wissen für Rechtschreibung nutzen
› Rechtschreibgespür entwickeln

› Arbeitsheft, Seite 32

# Richtig schreiben
## Silbenstruktur erkennen

 **1** Lies das Gedicht einem Partnerkind vor.

**Der Tag schleicht in die Schule hinein**
Die Schulglocke schellt,
die Eingangstür schnaubt,
der Schulhund bellt,
der Hausmeister schraubt,
die Sonne blinkt,
ein Lehrer pfeift,
die Mutter winkt,
Emil legt
die Lina herein.
So schleicht der Tag in die Schule hinein:
Im Halbdunkel um halb acht
werden die Kinder um ihre Ruhe gebracht.

 **2** Schreibe das Gedicht ab
und kreise alle Verben mit einer Silbe ein.

 **3** Finde zu jedem Verb die Grundform. Schreibe so:
schellt – es schellt – schellen, ...

 **4** Überlege mit einem Partnerkind: Warum helfen dir Wörter
mit zwei Silben oft beim Richtigschreiben?

Seite 132

### ACHTUNG ACHTUNG ACHTUNG

**so gehen wir vor:**

Beim Richtigschreiben helfen mir
Wörter mit **zwei Silben**.
Sie lassen sich gut schwingen
und ich kann einzelne Laute besser abhören.
schnauben, pfeifen

› Rechtschreibstrategien verwenden: Schwingen     › Arbeitsheft, Seite 33
› Wörter in Sprechsilben gliedern
› Rechtschreibgespür entwickeln

# Richtig schreiben
## Wörter mit Silben-h schreiben

**1** Worüber denken die Kinder nach?

er steht
es blüht
sie geht

Warum schreibt man diese Verben denn mit h? Ich kann es doch gar nicht hören!

Lasst uns nach einem verwandten Wort suchen, das zwei Silben hat!

**2** Lies die Verben und überlege, wie die Grundform heißt.

| er steht | es zieht | er näht | sie mäht | es weht |
| er kräht | sie geht | es blüht | er flieht | sie droht |

**3** Schreibe die Verben mit der Grundform auf.
Schreibe so: er ste**h**t – ste**h**en, …

**4** Setze Silbenbögen. Tausche dich mit einem Partnerkind über die Schreibweise der Wörter aus. Überlegt, was passiert, wenn in der Grundform kein **h** steht.

Seite 132

**5** Schreibe die Wörter in der Mehrzahl und in der Einzahl auf.
Scheibe so: viele Kü**h**e – eine Ku**h**, …

### ACHTUNG ACHTUNG ACHTUNG

**Das haben wir herausgefunden!**

Einige Wörter werden mit **h im Wort** geschrieben. Es zeigt den **Anfang der zweiten Silbe.** Ohne das **h** treffen zwei Vokale aufeinander und man hört die zweite Silbe nicht. Verwandte Wörter mit nur einer Silbe schreibe ich auch immer mit **h**.
ste**h**en – er ste**h**t, die Re**h**e – das Re**h**

› Rechtschreibstrategien verwenden: Schwingen
› grammatisches Wissen für Rechtschreibung nutzen
› Rechtschreibgespür entwickeln: silbeninitiales h

› Arbeitsheft, Seite 34

Texte verfassen
# Eine Geschichte mit wörtlicher Rede planen und schreiben

 Betrachte den Comic genau. Was passiert?
Was sagen die Menschen? Wie endet die Geschichte?

 Spielt die Geschichte. Überlegt: Wie sprechen die Kinder?

 Sammelt Wörter für das Wortfeld **sprechen**
und schreibt sie auf.

Seite 121

 Plane eine Geschichte zu dem Comic.
Erzähle deine Geschichte einem Partnerkind.

Seite 116

 Schreibe deine Geschichte auf.
Lass die Personen sprechen und denken.
Verwende die wörtliche Rede.

› Texte nach Anregung schreiben
› Schreibabsicht, Schreibsituation, Adressaten und Verwertungszusammenhang klären

› Arbeitsheft, Seite 35, 36

## Texte verfassen
# Eine Geschichte überarbeiten

 **1** Führt eine Schreibkonferenz durch. Seite 125

 **2** Trage die Rückmeldungen in eine Checkliste ein.

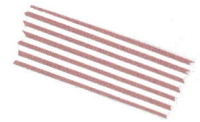

**Ich habe meine Geschichte geprüft!**

Ich habe die Informationen aus dem Erzählkasten berücksichtigt.

Meine Figuren denken und sprechen.

Ich habe die wörtliche Rede verwendet.

Ich beschreibe die Gefühle der Figuren.

Ich habe Satzschlusszeichen gesetzt.

Meine Geschichte ist gut verständlich und hat einen Schluss, der zu der Geschichte passt.

Ich habe die Rechtschreibung geprüft und überarbeitet.

 **3** Überarbeite deine Geschichte für ein Klassengeschichtenbuch. Entscheide selbst, welche Tipps du nutzt. Seite 126

 **4** Gestalte deine Geschichte für ein Klassengeschichtenbuch. Seite 127

 **5** Zeichne auch eigene Comics für das Klassengeschichtenbuch.

› Texte in Bezug auf die äußere und sprachliche Gestaltung und auf die sprachliche Richtigkeit hin optimieren
› Texte für die Veröffentlichung aufbereiten

› Arbeitsheft, Seite 35, 36

**1** Lies den Lupentext.

> **AGs in der Grundschule Neustadt**
> Eine Gruppe von Kindern geht mit Frau Fichte in den Schulgarten, egal ob es regnet oder der Wind weht. Dort werden im Frühling Samen ausgesät und im Herbst werden Obst und Gemüse geerntet. Einmal in der Woche mäht der Hausmeister den Rasen. Andere Kinder singen gern gemeinsam. Der Musiklehrer kennt viele Lieder. Am liebsten singen die Kinder das Lied von der verrückten Kuh mit dem kaputten Schuh. Wenn ein Kind schief kräht, dann droht Herr Jubel: „Du musst gleich allein vorsingen!"

Seite 131

**2** Lass dir den Text diktieren oder schreibe ein Schleichdiktat.

**3** Kreise Lupenstellen ein.

**4** Vergleiche deinen Text mit dem Lupentext und verbessere.

**5** Erkläre einem Partnerkind die Wörter.

> Ich schreibe **er dreht** mit **h**, weil …
> Ich schreibe **das Reh** mit **h**, weil …
> Ich schreibe **er zieht** mit **h**, weil …
> Ich schreibe **der Zeh** mit **h**, weil …
> Ich schreibe **sie blüht** mit **h**, weil …
> Ich schreibe **der Floh** mit **h**, weil …

Seite 132

› Übungsformen selbstständig nutzen
› über Fehlersensibilität und Rechtschreibgespür verfügen
› an Wörtern und Texten arbeiten

› Arbeitsheft, Seite 37

 **1** Lies den Text sehr genau und finde die Fehler.

> Am Ende des Schuljahres stellen die Kinder die Ergebnisse
> ihrer Arbeitsgemeinschaften vor. Elsa meint Das ist
> für mich der schönste Tag im Schuljahr, weil jeder siet,
> was die anderen Kinder gemacht haben. Umut fügt hinzu
> Ich mag diesen Tag, weil es immer etwas Leckeres zu essen
> gibt. Paul lacht Bei dir dret sich immer alles um das Essen.
> Lulu erinnert sich Bei der Theateraufführung im letzten Jahr
> ist mir eine Wand der Kulisse auf den großen Ze gefallen.
> Aua, das war ein schlimmes Erlebnis

 **2** Schreibe den Text auf.
Kreise deine Verbesserungen ein.

*Du musst achtmal die Zeichensetzung verbessern und drei Rechtschreibfehler!*

 **3** Finde die Wörter mit doppeltem Konsonanten.
Schreibe sie mit Silbenbögen auf.
Schreibe so: die Ergebnisse, …

 **4** Schreibe die Sätze auf, setze die Satzzeichen
und die Zeichen der wörtlichen Rede.

> Frau Fichte kündigt an Heute pflanzen wir Kartoffeln
> Herr Jubel freut sich Das wird ein toller Auftritt
> Herr Wurm fragt Was essen die Kinder am liebsten

 **5** Wähle drei Wörter aus dem Lupentext aus
und nimm sie unter die Lupe. Schreibe alles auf,
was du zu den Wörtern weißt.

Seite 132

› Rechtschreib- und Grammatikwissen anwenden  › Arbeitsheft, Seite 38
› Begründungen und Erklärungen geben
› grundlegende sprachliche Begriffe und Strukturen kennen

# Detektivwissen überprüfen

Seite 133

**Ich kenne mich aus mit Satzschlusszeichen und der wörtlichen Rede.**

Sätze enden immer mit einem Satzschlusszeichen.

Nur Ausrufesätze enden mit einem Ausrufezeichen.

Der Redesatz beginnt mit Anführungszeichen unten und endet mit Anführungszeichen oben.

Der Begleitsatz sagt, wer etwas sagt und wie er es sagt.

**Ich kenne mich aus mit Silben.**

Wörter mit **zwei Silben** lassen sich gut schwingen und helfen mir beim Richtigschreiben.

Wenn in der Grundform eines Verbs ein **h** steht, wird die Personalform ohne **h** geschrieben.

› über Lernerfahrungen sprechen
› eigenen Lernstand einschätzen und Lernschritte planen
› Lernergebnisse präsentieren

Schaue zuerst auf Seite 133!

# Texte verfassen
## Eine Beschreibung planen und schreiben

 **1** Erzähle einem Partnerkind, was passiert ist.

Seite 132

 **2** Überlegt: Welches Tier hat Paul gestochen? Welche Informationen helfen euch dabei? Welche fehlen?

 **3** Wähle ein Bild aus. Wie würdest du das Tier beschreiben, damit es jeder wiedererkennt? Schreibe so: *Die Hummel hat ...*

Seite 117

 Hummel

 Biene

 Wespe

---

**ACHTUNG  ACHTUNG  ACHTUNG**

### Beschreibung

- Beschreibe etwas so, dass andere es sich gut vorstellen können.
- Beschreibe es so, wie es wirklich aussieht, und nicht, wie du es findest.
- Beschreibe es so genau wie möglich und achte auf die Reihenfolge.
- Beschreibe in Sätzen.

Seite 117

› funktionsangemessen sprechen: erzählen, argumentieren
› Beobachtungen wiedergeben
› sprachliche Mittel und Ideen sammeln und ordnen
› Arbeitsheft, Seite 41

# Texte verfassen
## Eine Beschreibung planen und schreiben

**1** Lies den Text genau.

> Wildbienen leben etwa vier bis sechs Wochen und werden ungefähr 2 cm groß.
> Der Körper der Wildbiene besteht aus einem pelzig beharrten Hinterleib, einem Brustteil und dem Kopf. Der Hinterleib ist gestreift, die Farben sind verschieden: Rot, Braun, Gelb, Weiß, Orange. Die Wildbiene hat sechs Beine. Die Biene hat vier durchsichtige Hautflügel. Mit ihrem Stachel kann sich die Biene verteidigen. Der Stich tut aber nur kurz weh. Den Stachel kann die Wildbiene wieder aus der Haut ziehen. Er bleibt also nicht stecken.

Seite 123

**2** Wie wird das Aussehen der Biene beschrieben? Schreibe nur diese Sätze auf.

Seite 124

**3** Beschreibe das Aussehen des Schmetterlings. Schreibe Sätze.

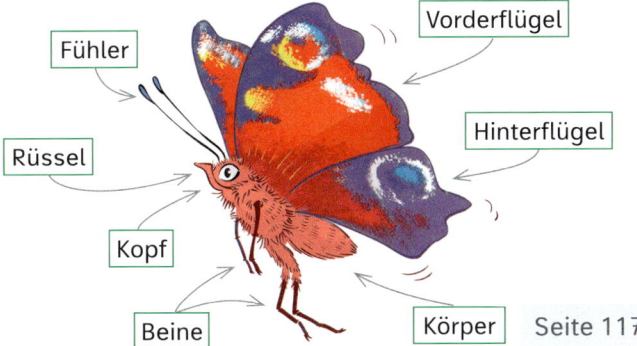

Seite 117

| fleißig | fertig | die Qual | die Freiheit |
| fressen | wachsen | jagen | kräftig |
| die Ernährung | hungrig | das Reh | die Ruhe |
| nützlich | die Information | nächste | brummen |
| beobachten | gefährlich | jung | ungefähr |

Seite 129

› sinnentnehmend lesen und Informationen finden
› informierenden Text verfassen: Beschreibung
› Wortschatz erweitern und selbstständig üben

› Arbeitsheft, Seite 40, 41

## Sprache untersuchen
## Nomen kennen

 **1** Schreibe die Wörter geordnet auf.
Achte auf die Großschreibung.

| Menschen | Tiere | Pflanzen | Dinge |
|---|---|---|---|
| | | die Knospe | |

die Hecke   die Blüte   der Traktor   der Regenwurm
der Igel   die Kastanie   der Bauer   die Tierschützerin
die Hornisse   die Gießkanne   das Vogelhäuschen   der Imker

 **2** Suche die Wortpaare und schreibe sie auf.

die Wolken   die Blume   die Schafe   die Äste   der Vogel
die Blumen   der Wurm   das Korn   die Körner   der Ast
das Schaf   die Würmer   die Vögel   die Wolke

 **3** Finde zu jedem Artikel fünf Nomen
und schreibe sie geordnet auf.

| der | die | das |
|---|---|---|
| | | |

 **4** Schreibe die Sätze ab und füge ein passendes Schiebewort ein.

kleine   spezielle   gute   sinnvolle   große   leise

Viele Tiere bekommen im Tierheim eine ■ Pflege.
Für manche Tiere ist das Tierheim eine ■ Rettung.
Tierbabys brauchen eine ■ Nahrung.
Freiwillige Helfer sind eine ■ Hilfe.

 **5** Gestaltet ein Lernplakat zu Nomen.

Seite 132

› Merkmale von Nomen kennen und anwenden
› Leistungen von Wortarten untersuchen
› grundlegende sprachliche Begriffe kennen: Nomen

› Arbeitsheft, Seite 42

## Sprache untersuchen
## Nomen zusammensetzen

*Mit den Baumwurzeln nimmt der Baum Wasser auf. In der Baumkrone nisten Vögel.*

*Sind das da Wurzeln? Ist die Krone immer oben?*

**1** Der Förster verwendet andere Wörter als Lulu. Warum?
Tausche dich mit einem Partnerkind aus.

**2** Welche Wörter mit **Baum** fallen dir noch ein?
Schreibe so: das Baumhaus, …

Seite 132

**3** Trenne die zusammengesetzten Nomen.
Achte auf die Großschreibung. Schreibe so:
das Baumhaus → der Baum + das Haus, …

**4** Finde Wörter, die mit **Garten** beginnen.
Schreibe so: der Garten + die Tür → die Gartentür, …

ACHTUNG  ACHTUNG  ACHTUNG

**Das haben wir herausgefunden!**

Nomen kann ich mit anderen Nomen **zusammensetzen**. Dann entsteht **ein** zusammengesetztes Nomen. Mit diesem Nomen kann ich etwas genauer bezeichnen.
der Baum + die Wurzel → die Baumwurzel

› Merkmale von Nomen kennenlernen
› Leistungen von Komposita untersuchen
› grundlegende sprachliche Begriffe kennen: Nomen

› Arbeitsheft, Seite 43

Sprache untersuchen
# Bestimmungswort und Grundwort kennenlernen

 **1** Wie kann die Verkäuferin Umut die Ordnung im Geschäft erklären?
Tausche dich mit einem Partnerkind aus.

Seite 132

 **2** Was fällt dir an den Ordnungsschildern auf?
Achte auf Unterschiede und Gemeinsamkeiten.

*Das Wort, das immer gleich ist, heißt Grundwort.*

 **3** Umut isst gern Salat.
Welche Salate könnte er zubereiten? Schreibe auf.

 **4** Schreibe die Wörter auf. Unterstreiche das Grundwort **Salat**.
Schreibe so: der Tomaten<u>salat</u>, …

///// ACHTUNG ///// ACHTUNG ///// ACHTUNG /////

**Das haben wir herausgefunden!**

Zusammengesetzte Wörter bestehen aus
einem **Bestimmungswort** und einem **Grundwort**.
Das hintere Wort nennt man Grundwort,
das erste Wort nennt man Bestimmungswort.
Es beschreibt das Grundwort genauer.

› Merkmale von Nomen kennenlernen
› grundlegende sprachliche Begriffe kennen: Grundwort, Bestimmungswort
› Arbeitsheft, Seite 43

Sprache untersuchen
# Artikel kennen und verwenden

**1** Bilde zusammengesetzte Nomen und schreibe sie mit dem bestimmten Artikel auf. Schreibe so: die Apfelschale, ...

> die Sonne    der Apfel    die Rinde
> das Wasser    die Tonne    die Schale
> der Baum    der Müll    der Korb
> der Schirm    die Blumen    die Decke

Heißt es nun der Apfelschale oder die Apfelschale?

Seite 132

**2** Tausche dich mit deinem Partnerkind aus: Richtet sich der Artikel nach dem Grundwort oder nach dem Bestimmungswort?

> **der** Gemüsegarten → das Gemüse + der Garten
> **das** Gartengemüse → der Garten + das Gemüse

**3** Bilde möglichst viele zusammengesetzte Nomen und schreibe sie mit ihrem bestimmten Artikel auf. Nutze die Bilder unten im Kasten. Schreibe so:
der Apfelsaft, der Apfelbaum, der Pferdeapfel, ...

**ACHTUNG ACHTUNG ACHTUNG**

**Das haben wir herausgefunden!**

Bei zusammengesetzten Nomen richtet sich der **Artikel** nach dem letzten Wort (Grundwort): der Pflaumenbaum

› Merkmale von Nomen kennenlernen
› Leistungen von Wortarten untersuchen
› Merkmale von Komposita kennenlernen

› Arbeitsheft, Seite 43

49

Sprache untersuchen
# Zusammengesetze Nomen bilden

 **1** Was fällt Umut auf?

Eselohr, das klingt komisch. Das heißt doch Eselsohr, oder?

 **2** Welche Nomen kannst du zu sinnvoll zusammensetzen?

> Esel   Hügel   Ohr   Kuckuck   Maulwurf   Ei

 **3** Schreibe die zusammengesetzten Nomen auf.
Kreise das Bestimmungs- und das Grundwort ein.

 **4** Kreise den Buchstaben rot ein,
den du zwischen den Wörtern einfügen musstest.

 **5** Setze möglichst viele Nomen zusammen und schreibe sie auf.
Schreibe so: das Hase(n)ohr, ...

 **6** Überlege: Welche der gebildeten Wörter gibt es wirklich?
Welche Wörter sind Quatschwörter.

**ACHTUNG   ACHTUNG   ACHTUNG**

**Das haben wir herausgefunden!**  Bei manchen zusammengesetzten Nomen steht ein **s** oder ein **n** zwischen den beiden Nomen.

› Merkmale von Komposita kennenlernen
› Fugenlaute kennenlernen
› mit Sprache spielerisch umgehen

› Arbeitsheft, Seite 44

Sprache untersuchen
# Nomen mit -heit, -keit, -ung kennen

**1** Schreibe die unterstrichenen Wortpaare auf.
Schreibe so: frei – die Freiheit, …

Ich möchte frei leben.
Meine Freiheit ist wichtig.

Ich bin gesund.
Meine Gesundheit ist wichtig.

Viele Radwege sind nicht sicher.
Meine Sicherheit ist mir wichtig.

**2** Was fällt dir an den Wortpaaren auf?
Wie unterscheiden sich die Wörter?
Tausche dich mit einem Partnerkind aus.

Achte auf die Großschreibung!

-keit  -ung  -heit
→ Nomen

**3** Ergänze die Sätze und schreibe sie auf.

> Ein Zeuge muss ehrlich sein. Seine ■ ist wichtig.
> Fledermäuse lieben dunkle Höhlen. Die ■ ist wichtig.
> Verletzte muss man schnell retten. Die ■ ist manchmal gefährlich.
> Ein Ober muss rechnen können. Die ■ muss stimmen.

**4** Kreise bei den eingesetzten Wörtern **-heit**, **-keit**, **-ung**
und die Anfangsbuchstaben ein.

ACHTUNG  ACHTUNG  ACHTUNG

**Das haben wir herausgefunden!**

Wörter mit den **Wortbausteinen -heit, -keit, -ung** sind immer **Nomen**. Ich schreibe sie **groß**.
die Frei*heit*, die Ehrlich*keit*, die Einlad*ung*

› mit Sprache spielerisch umgehen  › Arbeitsheft, Seite 45
› Wörter strukturieren
› grammatisches Wissen für Rechtschreibung nutzen

# Richtig schreiben
## Nomen in Treppengedichten erkennen

**1** Vergleiche den Satz mit dem Treppengedicht. Was fällt dir auf?

Das Känguru sucht mit seiner Frau den Schuh.

das Känguru
das ■ Känguru,
das ■, ■ Känguru

sucht

mit seiner Frau
mit seiner ■ Frau
mit seiner ■, ■ Frau

den Schuh
den ■ Schuh
den ■, ■ Schuh

**2** Füge passende Schiebewörter ein. Schreibe das Treppengedicht auf.

**3** Lies den Satz. An welchen Stellen kannst du Schiebewörter einsetzen? Schreibe auf.

Der Geier schmeißt für seine Freunde eine Feier.

**4** Schreibe eigene Mehrfach-Treppengedichte.

---

› grammatisches Wissen für Rechtschreibung nutzen
› Rechtschreibstrategien verwenden: Nomen großschreiben
› Struktur von Sätzen erkennen: Kern der Nominalgruppe

› Arbeitsheft, Seite 46

# Richtig schreiben
## Nomen im Satz erkennen

 **1** Verbessere den Satz und führe die Schiebewortprobe mit **schöne/schönen** bei jedem Wort durch.

Das nashorn fährt mit dem fahrrad in die ferien.

*Oh nein, alles ist kleingeschrieben!*

 **2** Schreibe den Satz richtig auf. Kreise die Wörter ein, vor die ein Schiebewort passt. Achte auf die Großschreibung.

 **3** Was meint Paul? Erkläre.

schöne schöne   schöne   schöne schöne   schönen   schöne schöne schönen

das nashorn fährt mit dem fahrrad in die ferien.

*Das dauert ja ewig! Ich glaube, wenn ich die Satzglieder kenne, geht es schneller.*

 **4** Ergänze Schiebewörter und schreibe drei Sätze richtig auf. Achte auf die Großschreibung!

| die maus | klingelte | gestern | bei der schlange |

**ACHTUNG   ACHTUNG   ACHTUNG**

**Das haben wir herausgefunden!**

Wenn ich **vor das letzte Wort eines Satzgliedes** ein Schiebewort einfügen kann, dann ist es ein Nomen und muss **großgeschrieben** werden.

› grammatisches Wissen für Rechtschreibung nutzen
› Rechtschreibstrategien verwenden: Nomen großschreiben
› Struktur von Sätzen erkennen: Kern der Nominalgruppe

› Arbeitsheft, Seite 47

# Richtig schreiben
## Schiebewortprobe bei Satzgliedern üben

**1** Führe die Schiebewortprobe durch wie Elsa.
Schreibe den erweiterten Satz auf. Kreise die Nomen ein.

**2** Bilde aus den Satzgliedern Sätze und schreibe sie auf.

| Das Stinktier | kriecht | mit seiner Oma | in den Urlaub | . |
| Die Schlange | geht | mit dem Skorpion | auf eine Safari | . |
| Der Geier | fliegt | mit dem Krokodil | zum Camping | . |

**3** Füge Schiebewörter in die Satzglieder ein.
Schreibe deine verlängerten Sätze auf. Kreise die Nomen ein.

**4** Schreibe den Satz richtig auf. Kreise die Satzglieder ein.

Manchmal hört der kakadu heimlich seine lieblingsmusik im bett.

**5** Überprüfe deine Großschreibung mit der Schiebewortprobe.
Diese Schiebewörter kannst du verwenden.

| dicke | fröhliche | laute | schrille | warmen | gemütlichen |

**6** Schreibe den erweiterten Satz auf.

› grammatisches Wissen für Rechtschreibung nutzen
› Rechtschreibstrategien verwenden: Nomen großschreiben    › Arbeitsheft, Seite 48
› Struktur von Sätzen erkennen: Kern der Nominalgruppe

# Richtig schreiben
## Nomen im Satz großschreiben

**1** Was siehst du auf den Bildern?
Schreibe jeweils einen Satz.

**2** Wende die Busprobe an und kreise die Satzglieder ein.
Markiere in jeder Wortgruppe das letzte Wort.

**3** Finde die Nomen mit der Schiebewortprobe.
Schreibe die Sätze erweitert auf.
Schreibe so: Die verrückte Fledermaus klatscht …

> dicke   verrückte   fröhliche   aufgeregte   warme

**4** Bei welchen Wörtern kannst du noch ein Schiebewort einfügen?
Schreibe die Sätze richtig auf. Kreise die Nomen ein.

> Das kleine hyänenmädchen isst gern aas.
> Der löwe schaut auf seine große uhr.
> Bald hält der pelikan eine lange rede.

**5** Vergleicht eure Ergebnisse.
Tausche dich mit einem Partnerkind aus.

Seite 132

› grammatisches Wissen für Rechtschreibung nutzen
› Rechtschreibstrategien verwenden: Nomen großschreiben
› Struktur von Sätzen erkennen: Kern der Nominalgruppe

› Arbeitsheft, Seite 49

Texte verfassen
# Eine Beschreibung planen und schreiben

**1** Wähle ein Foto aus.

Rückenflossenstrahlen · Auge · Maul · Bauchflossenstrahlen · Schwanzflosse · Körperfärbung

**Feuerfisch**

Blüte · Stängel · Blatthälfte · Klappfalle · Blatthaare

**Venusfliegenfalle**

**2** Lege dir eine Stichwortsammlung zu dem Tier oder der Pflanze an.
Seite 122

**3** Trage deine Beschreibung einem Partnerkind vor. Frage es: Konntest du dir alles gut vorstellen?
Seite 132

**4** Schreibe deine Beschreibung in Sätzen auf.
Seite 123
Seite 124

› sprachliche Mittel und Ideen sammeln
› funktionsangemessen sprechen: beschreiben
› informierenden Text verfassen: Beschreibung
› Arbeitsheft, Seite 50

# Texte verfassen
## Eine Beschreibung überarbeiten

**1** Lies Elsas Beschreibung genau.

> Die doofe Brennnessel hat grüne Blätter mit ekligen Härchen daran. Die jucken ganz doll, wenn man sie berührt. Gott sei Dank sind die nur an der Blattoberfläche, unten sind die Blätter glatt. Brennnesseln wachsen leider überall, auch im Garten. Da, wo die Sonne scheint …

**2** Was fällt dir auf?
Woran merkst du, wie Elsa Brennnesseln findet?

**3** Schreibe ihre Beschreibung so auf,
dass man nicht mehr erkennen kann,
wie Elsa die Brennnessel findet.

**4** Suche weitere Informationen
und ergänze die Beschreibung.
Du kannst auch im Internet suchen.

**5** Überarbeite deine Beschreibung in einer Schreibkonferenz.

Seite 125

**6** Beschreibe eine andere Pflanze
oder ein anderes Tier.

Seite 117

**7** Präsentiere deine Beschreibung.

Seite 128

› Text an der Schreibaufgabe überprüfen
› Texte in Bezug auf die äußere und sprachliche Gestaltung
und auf die sprachliche Richtigkeit hin überprüfen

› Arbeitsheft, Seite 50

# UNTER DER LUPE

 **1** Lies den Lupentext.

> Im Internet findet man viele Informationen über die Tiere im Garten. Man sieht Erklärungen über die Entwicklung, über die Ernährung und über die Lebensgewohnheiten. Welche Bedürfnisse die Tiere in der Freiheit haben und welche Eigenschaften sie kennzeichnen, kann man dort ebenso erfahren. Im Tierlexikon sucht Lulu nach Bildern von Rennmäusen. Sie findet viele Bilder und einen Steckbrief. Dort steht, welches Futter die Rennmäuse brauchen, in welchem Käfig man sie halten kann und wie viel Ruhe sie brauchen.

Seite 131

 **2** Finde alle Nomen mit der Endung **-heit**, **-keit**, **-ung**.
Schreibe sie mit ihrem bestimmten Artikel auf.

 **3** Suche weitere Nomen mit diesen Endungen.
Schreibe sie mit ihrem bestimmten Artikel auf.

 **4** Finde mit der Busprobe die Satzglieder.
Schreibe den Satz ab und kreise alle Satzglieder ein.

> Im Internet findet man viele Informationen über die Tiere im Garten.

› Übungsformen selbstständig nutzen
› über Fehlersensibilität und Rechtschreibgespür verfügen
› an Wörtern und Texten arbeiten

› Arbeitsheft, Seite 51

 **1** Erkläre einem Partnerkind, wie du die richtige Schreibweise herausbekommen kannst.

Seite 132

| kennzeichnen | oder | kenzeichnen | ?

| Renmäuse | oder | Rennmäuse | ?

 **2** Wandle die Sätze in Fragen um und schreibe sie auf.

> Im Tierlexikon sucht Lulu nach Bildern von Rennmäusen.
> Sie findet viele Bilder und einen Steckbrief.

 **3** Suche im Lupentext drei Wörter, die mit TIER zusammengesetzt werden können. Schreibe sie mit ihrem bestimmten Artikel auf.

 **4** Erkläre das Wort **Lebensgewohnheit** und begründe deine Erklärung.

 **5** Kennst du noch andere Gewohnheiten? Überlege mit einem Partnerkind. Schreibt die Wörter auf.

 **6** Schreibe die Sätze richtig auf.

> Lulu leit sich ein Buch. Sie sucht nach einer erklärung,  ||
> warum sie Regen Würmer nur nach dem Reggen siet.  |||

 **7** Wähle drei Wörter aus dem Kasten und nimm sie unter die Lupe. Schreibe alles auf, was du zu den Wörtern weißt.

> Erklärungen   Freiheit   Ruhe   Futter   steht

Seite 132

› Rechtschreib- und Grammatikwissen anwenden
› Begründungen und Erklärungen geben
› grundlegende sprachliche Begriffe und Strukturen kennen

› Arbeitsheft, Seite 52

# Detektivwissen überprüfen

- Satzglieder kennen
- Nomen im Satz erkennen und großschreiben
- Nomen zusammensetzen
- Wortbausteine verwenden und Nomen bilden

Seite 133

**Ich kenne mich aus mit Satzgliedern.**

richtig  falsch

Satzglieder bestehen immer aus nur einem Wort. — 6 / F

In Aussagesätzen steht das Prädikat an zweiter Position. — * / 3

Mit der Busprobe finde ich heraus, welcher Platz bequem ist. — L / ?

**Ich kenne mich aus mit Nomen.**

Das erste Wort eines Satzes ist immer ein Nomen. — O / M

Nomen im Satz erkenne ich mit der Schiebewortprobe. — 2 / m

Nomen kann ich zusammensetzen. — Q / 1

› über Lernerfahrungen sprechen
› eigenen Lernstand einschätzen und Lernschritte planen
› Lernergebnisse präsentieren

Schaue zuerst auf Seite 133!

# Kapitel 4
## haben – wünschen – brauchen

**Detektivtagebuch**
Montag, 3. März
Heute versuchten wir, einen neuen Fall zu lösen. Wir suchten ...

### Pro:
neue Taschenlampen
- leuchten heller
- brauchen keine Batterien
- leichter zu bedienen
- haben einen Speicherstick integriert

### Kontra:
neue Taschenlampen
- teuer
- müssen immer geladen werden
- unnötiger Müll, denn die alten Taschenlampen funktionieren
- brauchen ein Ladekabel und können nicht ohne geladen werden

*Wir brauchen auf jeden Fall neue Taschenlampen.*

*Aber die müssen ständig geladen werden.*

*Außerdem haben wir doch noch welche.*

*Ja, weil sie kleiner sind, passen sie in jede Jackentasche.*

Das brauchen wir noch:
- Nachtsichtgerät
- Wandtresor
- Fingerabdruckpulver

Seite 129

Die cleveren Detektive schnappen den Gelddieb in seinem Waldversteck.

Texte verfassen
# Argumente finden und jemanden überzeugen

Mama, ich brauche unbedingt ein Handy, weil alle meine Freunde auch eines haben.

Ich möchte nicht, dass du jetzt schon ein Handy hast, weil du noch zu jung bist.

Ich schreibe auf, warum ich es unbedingt brauche.

**Pro:**
Handy besitzen

- im Notfall erreichbar
- im Internet surfen
- Fotos machen
- möchte unser Telefon zu Hause nicht benutzen
- alle aus der Klasse haben ein Handy
- Nachrichten schreiben

 **1** Warum schreibt Elsa eine Liste mit Argumenten?

 **2** Mit welchen Argumenten kann Elsa ihre Mutter überzeugen? Mit welchen nicht? Tausche dich mit einem Partnerkind aus.

Seite 132

 **3** Welche Argumente könnte Elsas Mutter aufschreiben? Tausche dich mit einem Partnerkind aus.

 **4** Schreibe für Elsas Mutter eine Liste gegen ein Handy.

Seite 118

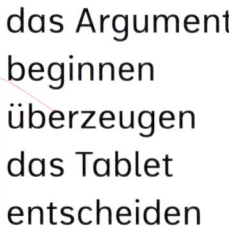

| das Argument | erklären | bitten | entgegnen |
| beginnen | sprechen | wählen | besser |
| überzeugen | die Medien | dürfen | wissen |
| das Tablet | die Meinung | das Ziel | das Handy |
| entscheiden | die Ergänzung | frei | die Idee |

Seite 129

› funktionsangemessen sprechen: argumentieren
› funktionsgerecht schreiben: Argumente
› Lernergebnisse geordnet festhalten

› Arbeitsheft, Seite 54, 55

Texte verfassen

# Argumentieren: Pro- und Kontra-Listen anlegen

**1** Lies die Textnachrichten.

 Die Eltern schimpfen, wenn man eine schlechte Note bekommt.

 Einige Kinder bekommen Angst, schlechte Noten zu schreiben, und wollen nicht mehr zur Schule gehen.

 Eine Note sagt nicht, was jemand schon kann und was er noch üben sollte.

 Noten motivieren beim Lernen.

 Noten zeigen, wie gut jemand gelernt hat.

 Mit Noten kann man sich mit anderen vergleichen.

**2** Sortiere die Textnachrichten von Umut und Paul.
Schreibe jeweils eine Liste mit Argumenten für und gegen Noten in der Schule. Schreibe so: Pro: Noten in der Schule
– Noten zeigen, wie gut jemand gelernt hat. …

**3** Für welche Position entscheidest du dich?
Schreibe dazu weitere Argumente auf.

## ACHTUNG ACHTUNG ACHTUNG

### Argumente formulieren
- Argumente werden in **pro** (dafür) und **kontra** (dagegen) unterschieden.
- Mit Argumenten kannst du deine Meinung begründen, um jemanden zu überzeugen.
- Sie sollten Tatsachen beschreiben und nachvollziehbar sein.
- Deine Gedanken und Gefühle solltest du begründen.

Seite 118

› funktionsangemessen sprechen: argumentieren
› funktionsgerecht schreiben: Argumente
› Lernergebnisse geordnet festhalten
› Arbeitsheft, Seite 55

Sprache untersuchen
# Verben kennen: Personalformen bilden

**1** Suche die Verben und mache die Verbprobe.

Das Wort muss sich verändern, wenn du verschiedene Personen davorsetzt. Probiere es mit **ich**, **du** und **er**.

**2** Schreibe die Verben in der Grundform auf. Schreibe so:
pflückt: ich pflücke, du pflückst, er pflückt – pflücken, ...

**3** Schreibe die Verben in allen Personalformen auf.
Schreibe so: **pflücken**

| | |
|---|---|
| ich | pflück**e** |
| du | pflück**st** |
| er/sie/es | pflück**t** |
| wir | pflück**en** |
| ihr | pflück**t** |
| sie (alle) | pflück**en** |

**4** Schreibe die Sätze ab.
Setze das Verb **brauchen** in der passenden Personalform ein.

Ich ▮ eine neue Taucherbrille. Du ▮ eine neue Schultasche.
Er ▮ ein neues Fahrrad. Wir ▮ einen Computer.
Sie alle ▮ mehr Freizeit.

› Funktion von Verben kennen
› Verben verwenden
› grundlegende sprachliche Begriffe kennen: Personalform
› Arbeitsheft, Seite 56

## Sprache untersuchen
## Unregelmäßige Verben kennenlernen

**1** Schreibe die Personalformen geordnet auf.
Immer drei gehören zusammen. tragen: ihr tragt, …

**2** Was fällt dir an den Verben auf?
Tausche dich mit einem Partnerkind darüber aus.

Seite 132

**3** Kreise im Wortstamm die Buchstaben ein,
die sich verändern. Schreibe so: tr(a)gen – er tr(ä)gt, …

**4** Schreibe alle Personalformen von **haben** und **sein**
geordnet auf. Schreibe so: ich habe, du …

| habe | haben | haben | bin | habt | hast |
| ist | hat | sind | bist | seid | sind |

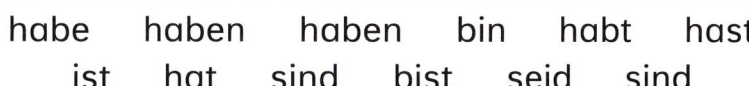

**Das haben wir herausgefunden!**

Manche **Verben** verändern in der Personalform auch den **Wortstamm**. Auf die **unregelmäßigen Verben** muss ich achten, wenn ich sie verwende.

dürfen:   ich darf - du darfst - er/sie/es darf
wir dürfen - ihr dürft - sie dürfen

› Funktion von Verben kennen
› Wörter strukturieren und untersuchen
› grundlegende sprachliche Begriffe kennen: unregelmäßiges Verb

› Arbeitsheft, Seite 57

Sprache untersuchen
# Präsens und Präteritum kennenlernen

 **1** Lies die Sprechblasen und vergleiche mit dem Text im Tagebuch.

Wir *suchen* nach Hinweisen.

Wir *hören* ein seltsames Geräusch.

Wir *fotografieren* die Spuren.

Detektivtagebuch
Wir versuchten, einen neuen Fall zu lösen. Wir *suchten* überall nach Hinweisen. Wir *hörten* ein seltsames Geräusch von draußen. Wir *fotografierten* die Spuren.

Den Fall lösen wir nicht allein. Wir brauchen richtige Spürnasen. Wir holen Uno und Murmel dazu. Die beiden unterstützen uns bei der Spurensuche. Außerdem kaufen wir neue Taschenlampen.

 **2** Was fällt dir an den Verben auf?
Tausche dich mit einem Partnerkind aus.

 **3** Schreibe den Eintrag für das Detektivtagebuch weiter.
Nutze Lulus Sprechblase und achte auf die Verben.

ACHTUNG  ACHTUNG  ACHTUNG

**Das haben wir herausgefunden!**

Wenn ich Texte schreiben will, kann ich unterschiedliche **Zeitformen** verwenden. Wenn ich eine Anleitung oder Anweisung aufschreibe, verwende ich **Präsens**. Wenn ich eine Geschichte oder in ein Tagebuch schreibe, verwende ich **Präteritum**.

Zuerst *suchen* wir nach Hinweisen.
*Suche* nach Hinweisen.
Wir *suchten* nach Hinweisen.

› Funktion von Zeitformen kennenlernen
› Verben verwenden
› grundlegende sprachliche Begriffe kennen: Präsens, Präteritum
› Arbeitsheft, Seite 58

Sprache untersuchen
# Präteritum verwenden

 **1** Schreibe die Tabelle von der Tafel ab.
Kreise die Endungen ein.

| | Person | Präsens | Präteritum |
|---|---|---|---|
| | ich | fühle | fühlte |
| | du | fühlst | fühltest |
| fühlen | er/sie/es | fühlt | fühlte |
| | wir | fühlen | fühlten |
| | ihr | fühlt | fühltet |
| | sie | fühlen | fühlten |

 **2** Schreibe die Personalformen im Präsens und Präteritum für das Verb **suchen**.
Schreibe so: ich suche – ich suchte, du …

 **3** Schreibe die Sätze im Präteritum auf.
Kreise die Endungen ein.

> Elsa (hüpfen) auf ihrem Bett. Paul und Umut (lachen) über den guten Witz. Lulu und ihr Vater (reisen) nach Amerika. Die Lehrerin (loben) Elsa für ihre Geschichte.
> Lulu (kochen) für ihre Freunde. Paul (lauschen) an der Wohnzimmertür.

 **4** Schreibe eigene Sätze mit den Verben aus dem Kasten.
Verwende die Verben im Präteritum.

> lernen   verbrauchen   sagen   schaffen
> antworten   warten   malen   pflanzen

› Funktion von Zeitformen kennen und anwenden   › Arbeitsheft, Seite 59
› Verben verwenden
› grundlegende sprachliche Begriffe kennen: Präsens, Präteritum

## Sprache untersuchen
## Unregelmäßige Verben im Präteritum kennen

So war das bei mir als Kind.

Ich **las** gern Krimis.
Ich **aß** sehr gern Kartoffelbrei.
Ich **schrieb** gern Briefe.

**1** Lies die Zettel und vergleiche.

Ich **lese** gern Comics.
Ich **esse** sehr gern Pizza.
Ich **schreibe** gern E-Mails.

**2** Worin unterscheiden sich die Verben?
Tausche dich mit einem Partnerkind aus.

Seite 132

**3** Schreibe die Verbpaare so auf: **wir geben – wir gaben, …**

| wir durften | wir tragen | wir sind | wir werfen |
| wir raten | wir traten | wir geben | wir hatten | wir gaben |
| wir treten | wir rieten | wir dürfen | wir waren |
| wir warfen | wir haben | wir trugen |

**4** Schreibe die Verben mit der er-Form und der Grundform auf.
Schreibe so: **er fraß – fressen, …**

| fraß | war | riet | fuhr | lief |

**5** Überprüfe die Grundform der Verben mit der Wörterliste.

Seite 131

/////// ACHTUNG /////// ACHTUNG /////// ACHTUNG ///////

**Das haben wir herausgefunden!**

**Unregelmäßige Verben** verändern im Präteritum ihren **Wortstamm**.

| **werf**en | **sing**en | **hab**en | **sein** |
| ich warf | ich sang | ich hatte | ich war |
| er warf | er sang | er hatte | er war |
| sie warfen | sie sangen | sie hatten | sie waren |

› Funktion von Zeitformen kennen und anwenden
› Präteritum bei unregelmäßigen Verben kennenlernen
› grundlegende sprachliche Begriffe kennen: Präsens, Präteritum
› Arbeitsheft, Seite 60

Sprache untersuchen
# Unregelmäßige Verben im Präteritum anwenden

**1** Schreibe den Text im Präteritum auf.

*Detektivtagebuch*

> Heute (sprechen) ich mit Paul über den neuen Fall.
> Auch Elsa (wissen) die Lösung nicht. Lulu (beginnen) damit,
> Notizen aufzuschreiben. Murmel (laufen) unruhig umher,
> aber Uno (schlafen) faul in seinem Hundekörbchen.

**2** Überprüfe die Verbformen im Präteritum
mit der Wörterliste. Schreibe die Seitenzahl auf.

Seite 131

**3** Überlege dir passende Verben
und schreibe den Text im Präteritum auf.

*Detektivtagebuch*

> Tante Tula ■ mit uns ins Freibad. Wir ■ dort im Pool.
> Ich ■ meine Schwimmbrille in der Tasche. Ich ■ richtig Panik.
> Zum Glück ■ Tante Tula die Brille. Am Ende ■ wir noch alle
> ein Eis. Das ■ ein ganz toller Ausflug.

**4** Bilde eigene Sätze mit den Verben aus dem Kasten.
Schreibe sie im Präteritum auf.

| vergessen | wachsen |
| gewinnen | streiten |
| laufen | mögen |

Verben musst du in der Grundform nachschlagen.

*Grundform*

**5** Überprüfe die Verbformen im Präteritum
mit der Wörterliste.

Seite 131

› Funktion von Zeitformen kennen und anwenden
› Präteritum bei (un-)regelmäßigen Verben kennen
› Rechtschreibhilfen verwenden: Wörterliste

› Arbeitsheft, Seite 61

# Richtig schreiben
## Verben verlängern

**1** Wer hat die passende Karte? Wie hast du das herausgefunden? Tausche dich mit einem Partnerkind aus.

Seite 132

Das Mädchen | in der Musikschule .
sinkt
singt

**2** Entscheide: **g/k** oder **b/p**? Verlängere die Verben, indem du die Grundform bildest. Schreibe so: tragen – er trägt, …

er trä g/k t    er fra g/k t    ihr to p/b t    er mer g/k t

sie sa g/k t    du gi p/b st    es pie p/b t    sie den g/k t

**3** Verlängere die Verben im Kopf und setze den passenden Buchstaben ein. Schreibe die Sätze auf.

Uno to■t im Wohnzimmer. Dabei flie■t die Vase vom Tisch. Elsa blei■t ruhig. Sie schie■t die Schuld auf ihre Schwester. Plötzlich pie■t die Alarmanlage.

### ACHTUNG ACHTUNG ACHTUNG

**So gehen wir vor:**

Wenn ich nicht sicher weiß, wie ich die **Personalform** eines Verbs schreiben muss, dann bilde ich die **Grundform**.

er lo?t – loben – er lobt

› über Fehlersensibilität verfügen
› Wörter mit Auslautverhärtung richtig schreiben
› Rechtschreibstrategien verwenden: Verlängern
› Arbeitsheft, Seite 62

# Richtig schreiben
## Nomen zerlegen und verlängern

 **1** Wer hat die passende Karte?
Tausche dich mit einem Partnerkind aus.

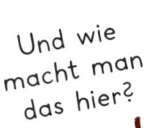 **2** Finde die passenden Verben zu den Nomen.
Schreibe sie richtig auf. Schreibe so: kle**b**en – der Kle**b**stoff, …

| springen | schreiben | braten | fliegen | kleben |

der Kle■stoff   das Schrei■heft   das Sprin■seil
die Bra■pfanne   die Flu■reise

 **3** Zerlege die Nomen und verlängere den ersten Teil.
Schreibe die Nomen auf.

das Flu■zeug   die Schrei■schrift   die Fan■zähne
der Far■eimer   der Trin■becher

**ACHTUNG   ACHTUNG   ACHTUNG**

 **so gehen wir vor:**

Wenn ich nicht weiß, wie der erste Teil eines **zusammengesetzten Nomens** geschrieben wird, dann **zerlege** ich es und bilde die **Verlängerung**.

die Tan**?**stelle → tan**k**en – die Tan**k**stelle

› über Fehlersensibilität verfügen
› Wörter mit Auslautverhärtung richtig schreiben     › Arbeitsheft, Seite 63
› Rechtschreibstrategien verwenden: Verlängern

## Richtig schreiben
## Nomen zerlegen und verlängern

 **1** Was für ein Rechtschreibproblem hat Umut?

 **2** Welche Verlängerung hilft dir jeweils?
Tausche dich mit einem Partnerkind aus.

Seite 132

 **3** Zerlege die Nomen und verlängere das erste Wort.
 Schreibe die Nomen mit der Verlängerung auf.
Schreibe so: die Berge → der Berggipfel, ...

| | | |
|---|---|---|
| der Ber■gipfel | der Kor■sessel | der Stran■korb |
| die Zu■fahrt | der Fel■weg | die Han■schrift |
| der Wal■brand | der Bur■graben | der Gel■schein |
| die Schrif■rolle | die Bar■haare | das Aben■brot |

 **4** Zerlege die Nomen und verlängere das erste Wort im Kopf.
Schreibe die Sätze auf.

Der Eintritt in den Wil■park ist sehr teuer. Wei■sprung mache ich bei der Leichtathletik am liebsten. Im Wald darf man Jun■tier und Mutter nicht stören. Das Al■papier wird zu Ballen gepresst. Das Frem■wort kenne ich nicht.

› über Fehlersensibilität verfügen
› Wörter mit Auslautverhärtung richtig schreiben
› Rechtschreibstrategien verwenden: Verlängern

› Arbeitsheft, Seite 64

# Richtig schreiben
## Wörter verlängern

**1** Sortiere die Nomen. Schreibe sie mit ihrer Verlängerung geordnet auf. Schreibe so:

| Nomen + Nomen → Mehrzahl | Verb + Nomen → Grundform | Adjektiv + Nomen → Verlängerung |
|---|---|---|
| der Feldweg<br>die Felder + der Weg | der Springbrunnen<br>springen + der Brunnen | das Wildpferd<br>wilde + das Pferd |

der Sprin▪brunnen   das Wil▪pferd   der Fel▪weg
die Win▪mühle   der Fahr▪wind   das Bro▪messer
der Kor▪sessel   der Al▪bau   die Run▪fahrt
das Fan▪spiel   das Bun▪papier   der Schrei▪tisch

**2** Schreibe zusammengesetzte Nomen geordnet in die Tabelle. Achte auf die Großschreibung und auf den bestimmten Artikel.

WEI▪   GIPFEL   SPRUN▪
SIN▪   WURF   HAN▪
STIMME   STEIGER
VOGEL
BER▪   TASCHE

**3** Überlege dir für jede Spalte weitere zusammengesetzte Nomen.

› über Fehlersensibilität verfügen
› Wörter mit Auslautverhärtung richtig schreiben
› Rechtschreibstrategien verwenden: Verlängern

› Arbeitsheft, Seite 65

Texte verfassen
# Pro- und Kontra-Listen überarbeiten

 **1** Lies Pauls Liste. Welche Argumente findest du überzeugend? Tausche dich mit einem Partnerkind aus.

Seite 132

**Pro:** Schulhund
- viele Kinder können sich besser konzentrieren
- die Kinder nehmen mehr Rücksicht aufeinander
- ich kann mein Schulbrot mit dem Hund teilen
- wir müssen Verantwortung für ein Lebewesen übernehmen
- er kann mir im Unterricht beim Rechnen helfen
- ich mag Hunde so gern

 **2** Überarbeite Pauls Liste und schreibe sie nur mit überzeugenden Argumenten auf.

Seite 118

 **3** Schreibe weitere Argumente für einen Schulhund auf.

**Kontra:** Schulhund
- einige Kinder könnten allergisch sein
- …

 **4** Schreibe Gegenargumente auf.

› funktionsangemessen sprechen: argumentieren    › Arbeitsheft, Seite 66
› funktionsgerecht schreiben: Argumente
› Lernergebnisse geordnet festhalten

Texte verfassen
# Eine Diskussion vorbereiten und führen

 **1** Entscheide dich für eine Seite.
Suche dir ein Partnerkind, das gleicher Meinung ist.
Sammelt gemeinsam passende Argumente
und schreibt sie auf.

Seite 118

 **2** Nutzt eure Argumente
und diskutiert zum Thema **Hausaufgaben**.

› funktionsangemessen sprechen: argumentieren
› sich an Gesprächen beteiligen
› Perspektiven einnehmen

› Arbeitsheft, Seite 66

 **1** Lies den Lupentext.

> Liebes Tagebuch, vor zwei Wochen hatte ich Geburtstag.
> Meine besten Freunde kamen zur Feier.
> Sie überreichten mir ein tolles Geschenk.
> Es war ein Merkspiel. Ich konnte es sehr gut.
> Wenn die Uhr piepte, sagte ich alles,
> woran ich mich erinnerte. Alle lobten mich.
> Das Endspiel gewann dann doch
> die gegnerische Mannschaft,
> weil ich das Wort **Schreibblock** vergaß.

Seite 131

 **2** Finde die Verben und schreibe sie in eine Tabelle.

| ich | er/sie/es | sie (alle) |
|---|---|---|
| hatte | ... | ... |

 **3** Bilde die Präsensformen der Verben und schreibe sie in die Tabelle.

 **4** Schreibe alle Wörter aus dem Text auf, deren Schreibweise du durch Verlängern erklären kannst. Schreibe die Wörter untereinander. Schreibe so:
Geburtstag → die Geburten – die Geburt ...

 **5** Schreibe den Lupentext im Präsens auf.
Schreibe so:
Heute habe ich Geburtstag. Meine besten Freunde kommen zur Feier. ...

› Übungsformen selbstständig nutzen
› über Fehlersensibilität und Rechtschreibgespür verfügen
› an Wörtern und Texten arbeiten

› Arbeitsheft, Seite 67

**1** Lies den Text und finde die zwölf Fehler.

> Plötzlich stet auf dem kleinen tisch eine Schokotorte. (2)
> Die ese ich am liepsten. (2)
> Meine Freunde sinken mir ein netes lied. (3)
> Gemeinsam rufen sie: Herzlichen Glückwunsch! (2)
> Ich pusste meine Kerzen aus und Wünsche mir (2)
> ein Zwerkkaninchen. (1)

**2** Schreibe den Text richtig auf.
Kreise deine Verbesserungen ein.

**3** Erkläre, welche Verlängerung beim Richtigschreiben hilft
und welche nicht.
Schreibe die Erklärung auf.

| das Zwerkaninchen | → | die Zwergnase | oder | die Zwerge |

**4** Wähle vier Wörter aus dem Lupentext aus
und nimm sie unter die Lupe.
Schreibe alles auf, was du zu den Wörtern weißt.

Seite 132

› Rechtschreib- und Grammatikwissen anwenden
› Begründungen und Erklärungen geben
› grundlegende sprachliche Begriffe und Strukturen kennen

› Arbeitsheft, Seite 68

# Detektivwissen überprüfen

- Pro- und Kontra-Argumente zu einem Thema formulieren
- Verben erkennen und Personalformen bilden
- unregelmäßige Verben kennen
- Zeitformen Präsens und Präteritum anwenden
- Wörter mit versteckten Lauten verlängern und richtig schreiben

Seite 133

**richtig** **falsch**

**Ich kenne mich aus mit Verben.**

Verben können in unterschiedlichen Zeiten stehen. — Q | t

Verben verändern nie ihren Wortstamm. — * | Z

Verben haben nur eine Personalform. — 5 | b

Das Präteritum ist die Gegenwartsform. — ? | 9

**Ich kenne mich aus mit dem Verlängern.**

Immer wenn ich in einem Verb **p** höre, dann schreibe ich ein **b**. — 8 | i

Zusammengesetzte Nomen zerlege ich und verlängere das erste Wort. — ! | P

› über Lernerfahrungen sprechen
› eigenen Lernstand einschätzen und Lernschritte planen
› Lernergebnisse präsentieren

Schaue zuerst auf Seite 133!

Texte verfassen
# Eine Gruselgeschichte planen

**1** Was ist an dem Geschichtenanfang gut gelungen? Tausche dich mit einem Partnerkind aus.

Seite 132

Ich war an einem düsteren, verregneten und nebeligen Abend auf dem Weg nach Hause. Mein Fahrrad war kaputt und ich musste schieben. Als ich an dem verlassenen Haus am Stadtrand vorbeilief, hörte ich unheimliche Geräusche und ging mutig in das Haus hinein. Doch plötzlich …

**2** Plane den Anfang deiner Gruselgeschichte.
Nutze dafür den Geschichtenpfad und eine Ideen-Karte.

Seite 122, 121

**3** Erzähle den Anfang deiner Gruselgeschichte einem Partnerkind. Frage es: Kannst du dir den Ort und die beschriebene Umgebung meiner Geschichte gut vorstellen? Warum? Warum nicht?

**4** Schreibe den Anfang deiner Gruselgeschichte auf.

*Schreibe im Präteritum.*

**ACHTUNG ACHTUNG ACHTUNG**

Seite 119

Mit einer **Gruselgeschichte** möchte ich bei anderen ein gruseliges Gefühl auslösen.
Ich beschreibe genau:
- Was erlebt die Hauptfigur?
- Was sieht und hört sie?
- Was denkt und fühlt sie?
- Was ist das Besondere an dem Handlungsort?
- Wen oder was trifft sie?

› funktionsangemessen sprechen: erzählen          › Arbeitsheft, Seite 71, 72
› sprachliche Mittel und Ideen sammeln
› nach Anregung eigene Texte schreiben: Gruselgeschichte

Texte verfassen
# Eine Gruselgeschichte schreiben

 **1** Trage den weiteren Verlauf deiner Geschichte in den Geschichtenpfad ein. Nutze deine Ideen-Karte und die Wörter aus dem Geschichtenpfad.

Wie geht deine Geschichte weiter?
Was erlebst du in dem Haus?
Hast du mit jemandem gesprochen?
Wovor hast du dich gefürchtet?

 **2** Erzähle einem Partnerkind, wie die Geschichte weitergeht und wie sie endet. Frage es:
Was hat dir an meiner Geschichte am besten gefallen?
An welchen Stellen könnte es noch gruseliger werden?

Seite 132

 **3** Schreibe deine Geschichte weiter.

 **4** Schreibe das Ende deiner Geschichte auf.

Wie endet deine Geschichte?
Wie löst sich die Spannung auf?
War alles nur geträumt?

| | | | |
|---|---|---|---|
| das Gewitter | allein | dicht | unheimlich |
| die Gänsehaut | schaurig | die Panik | blicken |
| versteckt | furchtbar | hässlich | friedlich |
| das Monster | das Herzklopfen | eklig | bewölkt |
| schrecklich | die Mitternacht | die Burg | dreckig |

Seite 129

› Lernergebnisse geordnet festhalten
› strukturiert und adressatengerecht schreiben
› Wortschatz erweitern und selbstständig üben

› Arbeitsheft, Seite 70, 71, 72

## Sprache untersuchen
# Adjektive kennen

Da passt doch dieses Schiebewort!

das | schlaue | Mädchen

Genau, das Adjektiv **schlaue** beschreibt das Nomen genauer!

**1** Beschreibe die Nomen genauer. Schreibe so:
Das Haus ist <u>klein</u>. – der <u>kleine</u> Haus, …

| das Haus | das Auto | der Wald | der Zug | der Stuhl |
| groß | hart | schnell | still | laut |

**2** Finde passende Gegensatzpaare.
Schreibe so: schwer – leicht, …

| schwer  hoch  dick  lang |
| fein  billig  schnell  hell |

| dünn  grob  langsam  kurz |
| dunkel  teuer  tief  leicht |

**3** Schau dir die Kinder an.
Lies, wie sie sich miteinander vergleichen.
Was könnte Lulu sagen?

Umut ist **klein**, Lulu ist **kleiner als** Umut und ich bin **am kleinsten**!

Oder:
Du bist **groß**, Lulu ist **größer** und ich bin **am größten**!

**4** Schreibe Sätze mit Vergleichsformen.
Schreibe so: Das rote Sofa ist alt. Das blaue Sofa ist …

**5** Schreibe eigene Sätze mit Vergleichsformen.

---

› Merkmale von Adjektiven kennen
› Wissen über Wortarten anwenden
› grundlegende sprachliche Begriffe kennen: Adjektiv

› Arbeitsheft, Seite 73

## Sprache untersuchen
## Mit Adjektiven vergleichen

 **1** Tausche dich mit einem Partnerkind aus: Wie verändert sich die Endung der Adjektive bei den verschiedenen Formen?

Seite 132

| Grundform | 1. Vergleichsform | 2. Vergleichsform |
|---|---|---|
| nett | netter | am nettesten |

 **2** Zeichne eine Tabelle und trage die Grundform der Adjektive ein. Ergänze die fehlenden Formen und kontrolliere mit der Wörterliste.

> Adjektive immer in ihrer Grundform nachschlagen!

schlau   klein   platt   spitz   glatt   sauber   dick

 **3** Erkläre Elsa die richtige Vergleichsform dieser Adjektive: **gut**, **hoch** und **nah**.

> Was ist mit diesen Adjektiven? **gut – guter** ist ja falsch!

 **4** Bilde Sätze mit Adjektiven, wenn kein Unterschied zwischen den Dingen besteht. Schreibe so:
Das weiße Haus ist **genauso** groß **wie** das gelbe Haus. ...

### ACHTUNG ACHTUNG ACHTUNG

**Merkmale von Adjektiven**
- Sie beschreiben Nomen genauer.
- Sie beschreiben oft Gegensätze.
- Mit ihnen kann ich vergleichen, sie haben Vergleichsformen.

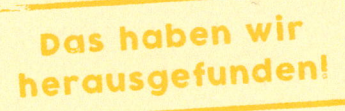

› Merkmale von Adjektiven kennenlernen
› Wissen über Wortarten anwenden
› grundlegende sprachliche Begriffe kennen: Vergleichsformen

› Arbeitsheft, Seite 74

## Sprache untersuchen
# Adjektive mit -lich kennen

 **1** Lies die Wörter und bilde aus ihnen Adjektive. Schreibe so:
das Herz – herzlich, zerbrechen – zerbrechlich, …

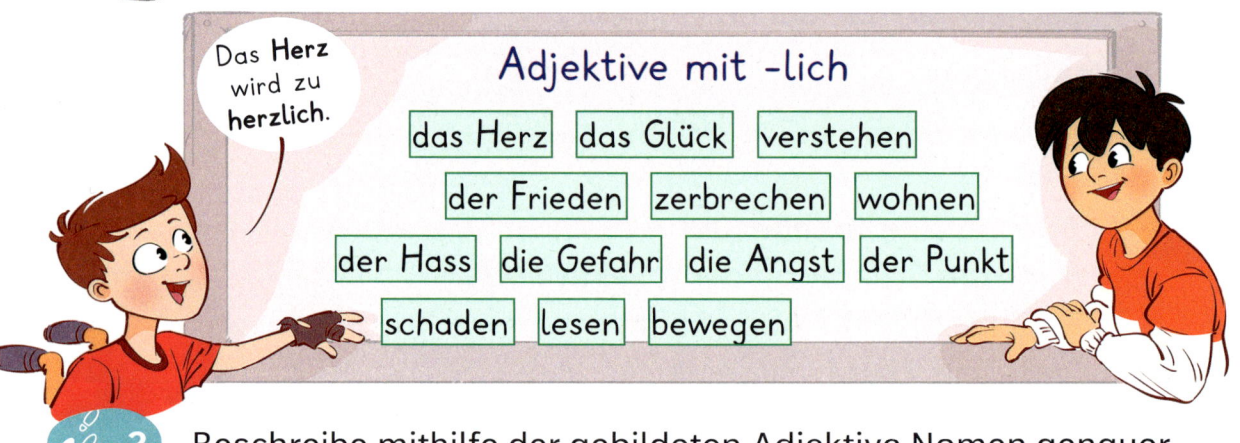

 **2** Beschreibe mithilfe der gebildeten Adjektive Nomen genauer.
Schreibe so: die herzliche Oma, …

 **3** Was fällt dir auf?
Tausche dich mit deinem Partnerkind aus.

Seite 132

**4** Bilde aus den Adjektiven Verben in ihrer Grundform.
Schreibe so:
leserlich – lesen, …

| leserlich | empfindlich |
| lächerlich | zerbrechlich |
| verständlich | schädlich |
| gewöhnlich | fürchterlich |

 **5** Immer drei Wörter gehören zusammen. Finde sie und schreibe sie auf. Schreibe so: sich freuen – die Freude – freudig, …

sich freuen   lächeln   erschrecken   langweilig   das Weinen
wirken   die Langeweile   die Wirklichkeit   wirklich   ärgern
lächerlich   freudig   ärgerlich   das Ende   das Lachen
die Freude   sich langweilen   endlich   beenden
weinerlich   schrecklich   weinen   der Schrecken   der Ärger

› Merkmale von Adjektiven kennen  › Arbeitsheft, Seite 75
› Wissen über Wortarten anwenden
› mit Sprache experimentell und spielerisch umgehen

Sprache untersuchen
# Adjektive mit -ig kennen

 **1** Lies den Text und suche alle Adjektive mit **-ig** heraus.
Schreibe sie auf.

> Das Wetter: Heute und morgen wird es anfangs sehr nebelig und diesig mit vielen Wolken und Nässe. Passen Sie gut auf, denn es könnte rutschig werden. Nach diesigen und sonnigen Abschnitten im Verlauf des Tages bleibt es ruhig. In den darauffolgenden Tagen steigt das Thermometer auf bis zu dreißig Grad, schwierig für Mensch und Tier. Seien Sie vorsichtig, es ist wichtig, viel zu trinken. Auch zum Ende der Woche ist der Wetterfrosch nicht geizig. Mutig klettert er hoch hinaus und bringt uns vollständig den Sommer zurück.

 **2** Passe die Adjektive einem Nomen an.
Schreibe die Wortgruppe auf. Kreise die veränderte Endung ein.
Schreibe so: das nebel**ige** Wetter, die dies**igen** Wolken, ...

 **3** Bilde mit den Adjektiven Sätze.
Schreibe so: Der durstige Hund trinkt viel Wasser.

| durstig | fleißig | windig |
| kräftig | eckig | lustig |
| mutig | winzig | bissig |

Seite 132

## ACHTUNG ACHTUNG ACHTUNG

**Das haben wir herausgefunden!**

Wörter mit den nachgestellten Wortbausteinen **-ig** und **-lich** sind **Adjektive**. Adjektive werden im Satz dem Nomen angepasst und verändert.

Der mutig**e** Eisbär jagt frischen Fisch.
Das weinerlich**e** Baby schreit.

› Merkmale von Adjektiven kennen
› Wissen über Wortarten anwenden
› mit Sprache experimentell und spielerisch umgehen

› Arbeitsheft, Seite 75

## Richtig schreiben Ⓜ
## Merkwörter mit ai üben

**1** Schreibe die Wörter auf. Kreise die Merkstelle ein.

Gitarrens☐te   Brotl☐b   M☐s   M☐käfer   K☐ser   H☐   M☐

**2** Bilde mit den Merkwörtern Sätze und schreibe sie auf.

**3** Erkläre die Begriffe und schreibe Lexikoneinträge.
Schreibe so: Hai: Ein Hai ist ein Raubfisch. Er hat eine spitze Rückenflosse und viele scharfe Zähne. ...

Du kannst auch im Internet recherchieren!

**4** Schreibe die Wörter in dein Heft. Kreise die Merkstelle ein.

E-M☐l   M☐lbox   Cont☐ner   Tr☐ning   f☐r   Med☐lle   Det☐l

Wir verwenden einige Begriffe, die aus anderen Sprachen stammen. Pass gut auf!

Mailbox

**5** Schreibt ein Partnerdiktat mit den Wörtern aus Aufgabe 1 und 4.

Seite 130

› rechtschreibwichtige Wörter normgerecht schreiben
› Rechtschreibstrategien verwenden: Merken, Einprägen
› besondere Buchstabenfolgen kennen: ai

› Arbeitsheft, Seite 76

# Richtig schreiben Ⓜ
## Merkwörter mit chs üben

**1** Was stellen die Kinder fest?

*Ach, schau mal, alle diese Tiere schreibe ich mit chs.*

*Das müssen wir uns merken!*

**2** Schreibe die Wörter mit ihrem bestimmten Artikel auf. Kreise **chs** ein.

> Kerzenwachs   Gewächs   Wachstum
> Büchse   Achsel   Wechsel   Achse

**3** Welche Wörter sind hier gemeint? Schreibe die Wörter auf und kreise **chs** ein.

Lsuch    sechO    usFch    sLcha    chEse    sachD

**4** Finde möglichst viele Wörter zu den Wortfamilien **wechseln** und **wachsen**. Schreibe sie untereinander auf und kreise den Wortstamm ein. Schreibe so:

| wechseln | wachsen |
|---|---|
| die Ver<u>wechs</u>lung | das Ge<u>wächs</u> |
| … | … |

Seite 130

› rechtschreibwichtige Wörter normgerecht schreiben
› Rechtschreibstrategien verwenden: Merken, Einprägen
› besondere Buchstabenfolgen kennen: chs

› Arbeitsheft, Seite 77

# Richtig schreiben Ⓜ
## Merkwörter mit langem i üben

**1** Setze die Wörter zusammen. Schreibe so: die Maschine, …

Kab   Masch   Pral   Mandar   Apfels

Ros   Ru   **ine**   Vitam   Gard

**2** Ordne die Wörter nach dem Abc.

| Medizin | Gitarre | Biber | Minute | Kamin | Tiger |
| Distel | Primel | Nilpferd | Klima | Benzin | Kamin |

**3** Überlege: Welche Merkwörter werden beschrieben?
Schreibe die Lösungswörter auf. Kontrolliere mit der Wörterliste.

Es ist so ähnlich wie Butter.
Er saugt Blut zur Mitternachtsstunde.
Ich schaue mir dort Filme an.
Mein Lesebuch in der 1. Klasse.
In vielen Flaschen ist genau ein …
Es ist ein Buch in der Kirche.

**4** Schreibe mit jedem Lösungswort aus Aufgabe 3 einen Satz.
Kreise in den Wörtern das lange **i** ein.

Seite 130

› rechtschreibwichtige Wörter normgerecht schreiben   › Arbeitsheft, Seite 78
› Rechtschreibstrategien verwenden: Merken, Einprägen
› besondere Buchstaben kennen: unmarkiertes, langes i

Richtig schreiben M
# Merkwörter mit langem i üben

**1** Lulus Tagebucheintrag ist nicht mehr gut lesbar.
Setze passende Wörter in Gedanken ein und lies den Text.

| Mandarinen | Tiger | Risiko | Radio | Vitaminen |
| Kilo | Biber | Tiger | Apfelsinen | Termin |

Liebes Tagebuch,
heute waren wir im Zoo. Wir schauten uns am liebsten die ___ an. Ihr Gehege befand sich direkt neben dem Gehege der ___. Mittags konnten wir die Fütterung erleben. Viele ___ Fleisch bekommt ein ___ am Tag. Der Wärter geht ein großes ___ ein, wenn er das Gehege betritt. Im ___ hatten wir von einigen Unfällen gehört. Die Affen ernähren sich anders als Tiger. Sie essen Obst mit vielen ___, zum Beispiel ___, ___ und Birnen. Lange konnten wir nicht bleiben, wir hatten noch einen wichtigen ___.
Davon berichte ich morgen.
                                    Deine Lulu

**2** Schreibe den Text auf.
Kreise die Merkwörter ein.

**3** Übt die Merkwörter gemeinsam.
Schreibt die Wörter als Partnerdiktat.

Seite 130

› rechtschreibwichtige Wörter normgerecht schreiben
› Rechtschreibstrategien verwenden: Merken, Einprägen
› besondere Buchstaben kennen: unmarkiertes, langes i

› Arbeitsheft, Seite 78

## Richtig schreiben Ⓜ
## Fremdwörter üben

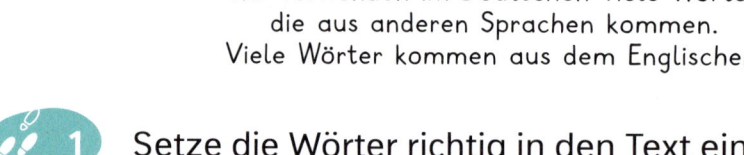

Wir verwenden im Deutschen viele Wörter, die aus anderen Sprachen kommen. Viele Wörter kommen aus dem Englischen.

**1** Setze die Wörter richtig in den Text ein und schreibe die Sätze auf. Kreise die Merkwörter ein.

> Comics   Clown   Baby   Pony   Teddy   Cowboys   Team

> Als ich noch ein kleines ■ war, habe ich viel geschrien.
> In meiner Freizeit reite ich am liebsten auf einem ■.
> Im Zirkus freue ich mich besonders auf den ■.
> Ohne meinen süßen ■ gehe ich nicht ins Bett.
> Mein ■ gewinnt jedes Fußballspiel.
> Im Fernsehen schaue ich gern Filme mit ■.
> Am liebsten mag ich ■ mit langen, spannenden Geschichten.

**2** Welche Gegenstände erkennst du auf dem Bild? Benenne sie.

**3** Beschreibe, wo sich diese Gegenstände im Raum befinden. Nutze die Wörterliste und schreibe so:
Das |Handy| steht auf dem Tisch.

**4** Suche dir fünf Wörter aus Aufgabe 1 und 3 und schreibe eigene Sätze dazu. Kreise die Merkwörter ein.

Seite 130

› rechtschreibwichtige Wörter normgerecht schreiben
› Rechtschreibstrategien verwenden: Merken, Einprägen
› Wörter aus anderen Sprachen kennen und schreiben
› Arbeitsheft, Seite 79

Richtig schreiben M
# Fremdwörter üben

 **1** Lies die Wörter halblaut und finde die Wortgrenzen. Schreibe die Nomen richtig auf.

mailboxcenttrainingteamchefspraydosehandymailpullovertablet

 **2** Schreibe die Wörter richtig auf. Kontrolliere mit der Wörterliste.

R■bote■   Tr■ini■g   S■ra■dose   ■omi■
Pon■   T■dd■   Cen■   M■■nt■inb■ke

 **3** Schreibt die Merkwörter aus Aufgabe 1 und 2 auf Kärtchen. Zieht abwechselnd und erklärt die Merkwörter.
Dein Partnerkind muss erraten, was du erklärt hast.

Seite 132

 **4** Schreibe diese Wörter aus anderen Sprachen auf Kärtchen und erkläre sie. Überlege, aus welcher Sprache sie ursprünglich kommen könnten.

Thermometer   Croissant   Theater   Toilette   Baguette
Apotheke   Garage   Mathematik   Pizza   Thema   Alphabet

 **5** Verwendet ihr noch mehr Wörter aus anderen Sprachen? Sammelt und tauscht euch aus.

Seite 130

› rechtschreibwichtige Wörter normgerecht schreiben
› Rechtschreibstrategien verwenden: Merken, Einprägen
› Wörter aus anderen Sprachen kennen und schreiben

› Arbeitsheft, Seite 79

# Texte verfassen
## Eine Gruselgeschichte planen und schreiben

 **1** Wie geht die Gruselgeschichte weiter?
Plane mit dem Geschichtenpfad.

Seite 122

> **Die gruselige Nachtstunde**
>
> In einer dunklen, verregneten Nacht wurde ich wach. Nur das Licht des Vollmondes schien in mein Zimmer. Ein unheimliches Geräusch weckte mich plötzlich aus dem tiefen, ruhigen Schlaf. Ein merkwürdiges Rascheln klang durch das Haus. In regelmäßigen Abständen konnte ich es hören. Trotz Angstschweiß und einem komischen Gefühl im Bauch stand ich auf ...

 **2** Stell dir vor, du bist das Kind in der Geschichte.
Wie fühltest du dich? Wie machte sich deine Angst bemerkbar?
Sammle Wörter und Beschreibungen in einer Ideen-Karte.
Du kannst auch mit einem Partnerkind arbeiten.

Seite 121

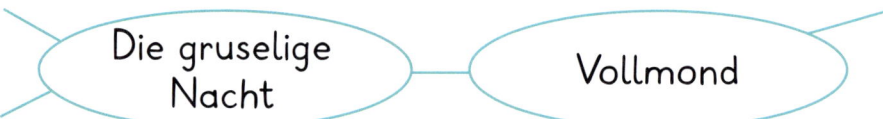

( Die gruselige Nacht )—( Vollmond )

 **3** Erzähle die Gruselgeschichte einem Partnerkind.
Frage es, an welcher Stelle deine Geschichte am gruseligsten ist.

 **4** Schreibe deine Gruselgeschichte auf.

Seite 119

 **5** Überlege dir zu deiner Geschichte eine gute Überschrift,
die Lust macht, die Geschichte zu lesen.

› sprachliche Mittel und Ideen sammeln › Arbeitsheft, Seite 80
› funktionsangemessen sprechen: erzählen
› nach Anregung eigene Texte schreiben: Gruselgeschichte

# Texte verfassen
## Eine Gruselgeschichte überarbeiten

 **1** Überarbeitet eure Geschichten. Führt eine Schreibkonferenz durch.

Seite 125

 **2** Tragt die Rückmeldungen in eine Checkliste ein.

**Checkliste**
- Du hast beschrieben, was die Hauptfigur erlebt.
- Du hast beschrieben, was sie sieht und hört.
- Man erfährt, was die Hauptfigur denkt und fühlt.
- Das Besondere an dem Handlungsort kann man sich durch deine Beschreibung gut vorstellen.
- Es wird deutlich, wen oder was die Hauptfigur trifft.
- Du hattest eine gute Idee, um die Spannung wieder aufzulösen.
- Du hast eine gute Überschrift gefunden.

 **3** Überarbeite deine Geschichte. Entscheide selbst, welche Tipps du nutzt.

 **4** Präsentiert eure Geschichten.

Seite 127

Seite 128

› Text an der Schreibaufgabe überprüfen
› strukturiert und adressatengerecht schreiben
› Texte sprachlich optimieren und veröffentlichen

› Arbeitsheft, Seite 80

# Unter der Lupe

 **1** Lies den Lupentext.

> Abenteuer im Campingurlaub
> In den letzten Sommerferien fuhren wir
> allein ins Campinglager für Kinder. Die Ferienzeit
> war für uns wild, witzig, abenteuerlich, interessant
> und glücklich. Die aufregenden Tage vergingen
> wie im Flug. Abends waren wir oft müde. Dann fielen
> wir in unsere gemütlichen Zelte. Das laute
> und stürmische Rascheln der Bäume klang nachts
> sehr gespenstisch. Lulu war manchmal ängstlich
> und empfindlich, sie schlief immer in meiner Nähe.
> Nach einer Woche fuhren wir zurück nach Hause.
> Lulu, Umut, Paul und ich waren stolz
> – und ein bisschen schmutzig.

Seite 131

 **2** Finde im Lupentext alle Adjektive und schreibe sie auf.

 **3** Schreibe zu den Adjektiven die Vergleichsformen auf.

 **4** Finde zu den Adjektiven Gegensätze und schreibe sie auf.
Bilde Sätze mit den Gegensatzwörtern.

> Übungsformen selbstständig nutzen
> über Fehlersensibilität und Rechtschreibgespür verfügen
> an Wörtern und Texten arbeiten

> Arbeitsheft, Seite 81

**1** Finde die Fehler. Schreibe die Wörter richtig auf.

| dreckich | gefährlige | der Tieger |
|---|---|---|
| das Treining | der Schlüsel | der Wexsel |

**2** Setze Wörter zusammen, die mit **Camping** beginnen.
Schreibe so:
das Camping + der Stuhl → der Campingstuhl, …

**3** Bilde mit den Wortbausteinen **-heit**, **-keit**, **-ung** Nomen.
Schreibe so: betroffen – die Betroffenheit, …

| betroffen | dämmern | verletzen | klug | achten |
|---|---|---|---|---|
| vollständig | dumm | nett | offen | schnell |
| stellen | hoffen | sammeln | retten | wichtig |
| lebendig | schwierig | dunkel | blind | fein |

**4** In welcher Zeitform ist Elsas Text geschrieben?
Schreibe die Verben aus dem Text auf
und bilde die Personalformen mit **ich**, **du**
und **er** im Präsens und Präteritum.

**5** Was könnte Lulu über den Campingurlaub
erzählen? Schreibe drei Sätze.
Verwende die wörtliche Rede.

**6** Wähle fünf Wörter aus dem Lupentext aus
und nimm sie unter die Lupe.
Schreibe alles auf, was du zu den Wörtern weißt.

Seite 132

› Rechtschreib- und Grammatikwissen anwenden
› Begründungen und Erklärungen geben
› grundlegende sprachliche Begriffe und Strukturen kennen

› Arbeitsheft, Seite 82

# Detektivwissen überprüfen

- Gruselgeschichte planen, schreiben und präsentieren
- Adjektive kennen und mit ihnen vergleichen
- Merkwörter üben

Seite 133

**Ich kenne mich bei Adjektiven aus.**

richtig   falsch

Mit Adjektiven kann man vergleichen.

Eine Vergleichsform von **klein** ist **winzig**.

Viele Adjektive haben Vergleichsformen.

Alle Adjektive beginnen mit **k**.

**Ich kenne mich mit Merkwörtern aus.**

Merkwörter kann man sich nicht merken.

Viele Merkwörter kommen aus anderen Sprachen.

› über Lernerfahrungen sprechen
› eigenen Lernstand einschätzen und Lernschritte planen
› Lernergebnisse präsentieren

Schaue zuerst auf Seite 133!

Texte verfassen
# Argumente formulieren

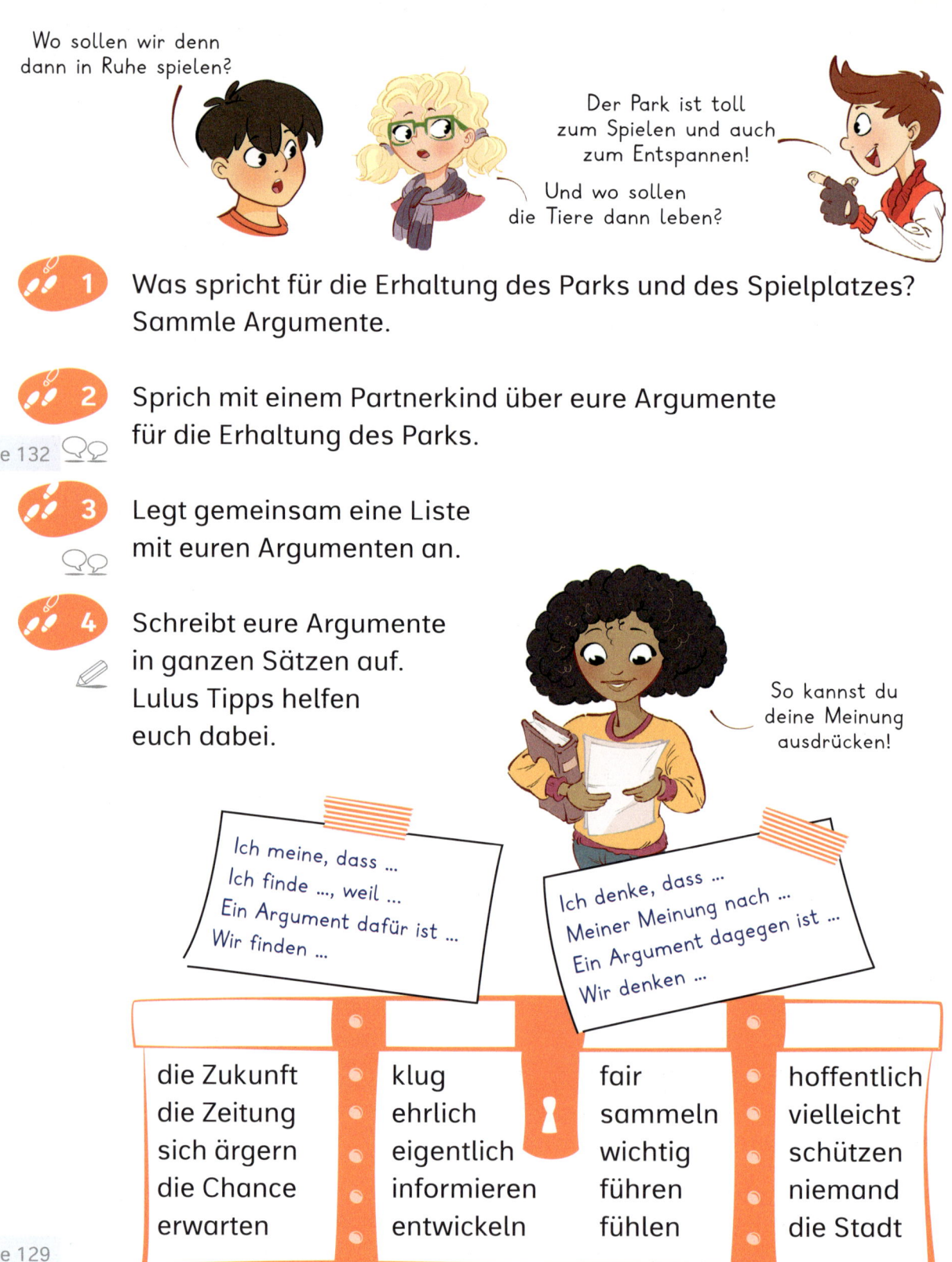

"Wo sollen wir denn dann in Ruhe spielen?"

"Der Park ist toll zum Spielen und auch zum Entspannen!"

"Und wo sollen die Tiere dann leben?"

1  Was spricht für die Erhaltung des Parks und des Spielplatzes? Sammle Argumente.

2  Sprich mit einem Partnerkind über eure Argumente für die Erhaltung des Parks.
Seite 132

3  Legt gemeinsam eine Liste mit euren Argumenten an.

4  Schreibt eure Argumente in ganzen Sätzen auf. Lulus Tipps helfen euch dabei.

So kannst du deine Meinung ausdrücken!

Ich meine, dass …
Ich finde …, weil …
Ein Argument dafür ist …
Wir finden …

Ich denke, dass …
Meiner Meinung nach …
Ein Argument dagegen ist …
Wir denken …

| | | | |
|---|---|---|---|
| die Zukunft | klug | fair | hoffentlich |
| die Zeitung | ehrlich | sammeln | vielleicht |
| sich ärgern | eigentlich | wichtig | schützen |
| die Chance | informieren | führen | niemand |
| erwarten | entwickeln | fühlen | die Stadt |

Seite 129

› funktionsangemessen sprechen: argumentieren
› funktionsgerecht schreiben: Argumente
› Lernergebnisse geordnet festhalten
› Arbeitsheft, Seite 84, 85

# Texte verfassen
# Einen höflichen Brief schreiben

**1** Lies den Brief.

Wenn du einen Erwachsenen höflich ansprechen möchtest, benutzt du diese Anredepronomen:
**Sie, Ihren, Ihr, Ihre, Ihnen**

---

Sehr geehrter Herr Bürgermeister,           Neustadt, 22. Mai 2020
in der Zeitung las ich den Artikel über die neuen, modernen Wohnhäuser, die Sie bald auf unserem Bolzplatz bauen wollen.
Viele Kinder sind sehr entsetzt darüber. Wir treffen uns dort jeden Tag, um Zeit mit Freunden zu verbringen. Nur auf dem Bolzplatz ist es möglich, Basketball, Fußball, Tischtennis oder Federball zu spielen. Es gibt einen großen Tisch und Bänke, wenn man mal eine Pause machen möchte. In der Stadt gibt es sonst keinen anderen Ort, an dem genügend Platz für alle ist und wir viele verschiedene Sportarten ausüben können. Außerdem kann man einfach zum Bolzplatz gehen, es sind immer auch andere Kinder dort. Es ist nie langweilig. Der Bolzplatz liegt auch mitten in der Stadt. So können alle Kinder zu Fuß gehen. Vielleicht finden Sie noch einen anderen Ort in der Stadt, an dem Sie die neuen Wohnhäuser bauen können.
Mit freundlichen Grüßen

---

**2** Worauf hat der Schreiber dieses Briefes geachtet? Tausche dich mit einem Partnerkind aus.

Seite 132

**3** Schreibe einen eigenen Brief an den Bürgermeister und überzeuge ihn, kein Einkaufszentrum zu bauen. Nutze deine Argumente dafür.

**Merkmale von höflichen Briefen**
- Ort und Datum: Neustadt, 22. Mai 2020
- höfliche Anrede: Sehr geehrter Herr …, Sehr geehrte Frau …,
- Anredepronomen: **Sie, Ihren, Ihr, Ihre, Ihnen**
- abschließende Grußformel: Mit freundlichen Grüßen

Seite 120

› Lernergebnisse geordnet festhalten
› funktionsgerecht schreiben: Argumente
› strukturiert und adressatengerecht schreiben: formeller Brief

› Arbeitsheft, Seite 85

## Sprache untersuchen
## Den Wortstamm erkennen

 Lies die Wörter halblaut. Was fällt dir auf?

SONN — sonnig, sonnen, Sonntag

 Tausche dich mit einem Partnerkind aus.
Findet weitere passende Wörter.

Seite 132

 Schau dir die Wörter genau an.
Schreibe sie nach Wortfamilien geordnet auf.

> springen   Flughafen   fliegen   Flugzeug   Bäcker
> Turmspringer   backen   Backstube   Sprungturm
> Gebäck   geflogen   buk   sprang

 Finde weitere Wörter zu den Wortfamilien.

 Kreise den Wortstamm ein.
Was fällt dir auf?

Achte besonders auf die Vokale!

**ACHTUNG   ACHTUNG   ACHTUNG**

**Das haben wir herausgefunden!**

In einigen **Wortfamilien** verändert sich der **Wortstamm**:
fliegen, flog, Flugzeug

› Wörter strukturieren
› mit Sprache experimentell und spielerisch umgehen
› sprachliche Begriffe kennen: Wortstamm, Wortfamilie
› Arbeitsheft, Seite 86

## Sprache untersuchen
## Wortbausteine bei Verben kennenlernen

**1** Was tun die Kinder?

aufhängen

einwerfen

zuhören

**2** Schreibe zu jedem Bild einen Satz.

**3** Kreise das Verb ein. Was fällt dir auf?

**4** Setze die Verben richtig ein.

vorlesen   mitfahren   aufräumen   weglaufen
einkaufen   abschreiben   ausschalten

Umut ■ einen Text ■. Lulu ■ ihr Zimmer ■. Paul ■ den Text von der Tafel ■. Elsa ■ den Computer ■. Umuts Vater ■ heute für das Abendessen ■. Elsa und Paul ■ im Auto von Umuts Familie ■. Lulu ■ vor der gemeinen Wespe ■.

### ACHTUNG ACHTUNG ACHTUNG

**Das haben wir herausgefunden!**

Im Satz werden einige **vorangestellte Wortbausteine** vom Verb **abgetrennt** und ans Ende des Satzes gestellt.
einwerfen – Ich werfe den Brief ein.
Beispiele:  vor, an, auf, ab, aus, hin, weg, mit, ein, um, nach, über, her

› Wörter strukturieren
› mit Sprache experimentell und spielerisch umgehen
› sprachliche Begriffe kennen: Wortbausteine

› Arbeitsheft, Seite 86

## Sprache untersuchen
## Nachgestellte Wortbausteine -heit, -keit, -ung verwenden

 **1** Welche Wortarten wirft Elsa in die Zaubermaschine?

einladen · frech · heizen · bestellen · gemütlich · drehen · stören
zufrieden · neu · krank · leiten · verschwenden

 **2** Welche Wortart erhält Lulu am anderen Ende?
Was hat sich an den Wörtern verändert?
Tausche dich mit einem Partnerkind aus.

Seite 132

*Achte auf die Großschreibung.*

 **3** Hilf Elsa, weitere Nomen mit **-heit**, **-keit**, **-ung** zu bilden.
Schreibe sie mit dem bestimmten Artikel auf.
Kreise die Endungen ein.

 **4** Finde weitere Nomen mit **-heit**, **-keit**, **-ung**.
Schreibe so: Es ist dunkel. – Die Dunkelheit ist gruselig.

 **5** Welche nachgestellten Wortbausteine verwandeln Verben
in Nomen? Welche verwandeln Adjektive in Nomen?

**ACHTUNG ACHTUNG ACHTUNG**

*Das haben wir herausgefunden!*

Wörter mit den nachgestellten Wortbausteinen
**-ung, -heit** und **-keit** sind **Nomen**. Sie werden
großgeschrieben: ablenken – die Ablenkung,
klar – die Klarheit, einig – die Einigkeit

› Wörter strukturieren
› mit Sprache experimentell und spielerisch umgehen
› Möglichkeiten der Wortbildung kennen

› Arbeitsheft, Seite 87

Sprache untersuchen
# Nachgestellten Wortbaustein -ieren verwenden

 **1** Welche Wortarten wirft Paul in die Zaubermaschine?

der Buchstabe · der Fotograf · buchstabieren · fotografieren
die Explosion · die Pause · die Kasse · die Kopie · das Interesse
die Rasur · der Marsch · die Probe

 **2** Welche Wortart erhält Umut? Was hat sich verändert?

 **3** Hilf Paul, weitere Verben mit **-ieren** zu bilden.
Schreibe die Verben auf und kreise die Endungen ein.
Schreibe so: der Frisör – fris**ieren**, …

*Oft muss man bei Nomen Buchstaben weglassen.*

> Lenas Vater ist **Frisör**. Ben ist **Student** an einer Universität. Das Pferd rennt im **Galopp** über das Feld. Emmas Onkel ist **Trainer** einer Fußballmannschaft. Tim spricht am **Telefon**. Susanne verbessert mit einem **Radierer**. Mias Schwester ist **Fotografin**.

 **4** Verwandle die Nomen in Verben.
Schreibe so: Lenas Vater ist Frisör. – Lenas Vater frisiert.

**ACHTUNG  ACHTUNG  ACHTUNG**

**Das haben wir herausgefunden!**  Wörter mit dem nachgestellten Wortbaustein **-ieren** sind **Verben**: die Kopie – kop**ieren**

› Wörter strukturieren
› mit Sprache experimentell und spielerisch umgehen
› Möglichkeiten der Wortbildung kennen

› Arbeitsheft, Seite 87

Sprache untersuchen
# Nachgestellte Wortbausteine -ig, -lich verwenden

**1** Welche Wortart wirft Elsa in die Zaubermaschine?

der Monat • der Witz • die Sonne • monatlich • sonnig • witzig

das Ende | der Freund | der Ärger | der Sport | das Herz | die Angst
der Unsinn | die Ecke | die Eile | die Vorsicht | der Durst | das Glück

**2** Welche Wortart erhält Umut am Ende? Tausche dich mit einem Partnerkind aus.

Seite 132

Wenn du nicht sicher bist, welche Endung du verwenden musst, dann verlängere.

**3** Bilde weitere Adjektive mit **-ig** und **-lich**.
Schreibe sie auf und kreise die Endungen ein.
Schreibe so: der Durst – durstig, ...

**4** Schreibe den Text richtig auf. Kreise die Adjektive ein.

> Draußen ist es sehr Wind. Die Äste der Bäume knacken Schreck. Lulu schläft jedoch ganz Ruhe und träumt. In ihrem Traum sind alle Menschen Freund und Glück. Jeden Tag ist es Sonne und warm. Alle sind Ehre zueinander und spielen Frieden. Alle Kinder lernen in der Schule ganz Fleiß. Ihnen wird nie Langeweile.

### ACHTUNG  ACHTUNG  ACHTUNG

**Das haben wir herausgefunden!**

Wörter mit den nachgestellten Wortbausteinen **-ig** und **-lich** sind **Adjektive**:
der Freund – freund**lich**, die Ecke – eck**ig**

› Wörter strukturieren
› mit Sprache experimentell und spielerisch umgehen
› Möglichkeiten der Wortbildung kennen

› Arbeitsheft, Seite 88

Sprache untersuchen
# Wortfamilien bilden

**1** Bilde eine Wortfamilie zum Wortstamm STEIN.
Kreise den Wortstamm ein.

-brocken  -pilz  -zeit  -hart  -mauer  Edel-  -alt  -ig  -reich  -bock  STEIN  -e

**2** Vergleiche mit einem Partnerkind und ergänzt eure Wortfamilie.

Seite 132

**3** Bilde eine Wortfamilie zum Wortstamm FAHR.
Kreise den Wortstamm ein.

ver- vor- mit- weg- ab- hin- ent-

FAHR FÄHR

-stuhl -ig -en -er -rad -zeug -lich

**4** Arbeite mit einem Partnerkind: Wählt einen Wortstamm und bildet dazu eine Wortfamilie. Gestaltet ein Plakat.

FALL    EHR    KIND

verfangen gefangen fangen FANG Gefängnis Fangspiel einfangen

**5** Ordnet eure gesammelten Wörter nach Wortarten.
Präsentiert eure Wortfamilie in der Klasse.

› Wörter strukturieren
› mit Sprache experimentell und spielerisch umgehen
› Möglichkeiten der Wortbildung kennen

› Arbeitsheft, Seite 89

# Richtig schreiben
## Den Wortstamm kennen und nutzen

Da stimmt aber etwas nicht!

**1** Was ist Paul aufgefallen?
Tausche dich mit einem Partnerkind aus.

Seite 132

kleprig
Klebestift
kleeben
aufkleben

sonnen
Sonnenhut
sonnig
Sonenschirm

Schportschuhe
sportlich
Ballsport
Sportler

**2** Schreibe die drei Wortfamilien richtig auf.
Kreise den Wortstamm ein.

**3** Finde weitere Wörter zu den Wortfamilien.
Kreise den Wortstamm ein.

**4** Schreibe die Verben geordnet auf.
Kreise den Wortstamm ein.

| fahren | brätst | geben | fällt | fährst | fahrt | fängst | braten |
| fallen | gefällt | gibt | fangt | fährt | bratet | fangen | gibst |

**ACHTUNG ACHTUNG ACHTUNG**

**so gehen wir vor:**

Den **Wortstamm** einer Wortfamilie schreibst du immer **ähnlich**.
Manchmal ändert sich der Vokal.

finden, erfinden, die Erfindung, du findest
fliegen, er flog, das Flugzeug, du fliegst

› Rechtschreibstrategien verwenden: Wortstamm beachten
› morphematische Strategie anwenden
› Schreibweise des Wortstamms auf Wortfamilie übertragen
› Arbeitsheft, Seite 90, 91

# Richtig schreiben
## Den Wortstamm kennen und nutzen

**1** Setze die passenden Verben in die Sätze ein.
Schreibe die Sätze ab. Kreise den Wortstamm der Verben ein.

> sin g/k en   spr i/e ngen   d e/a nken   l e/o sen   l e/o ben   rau sch/ch en

> Pauls Mutter ▪ Murmel. Die Blätter ▪ im Wind.
> Der hungrige Detektiv ▪ Umuts Onkel für das leckere Essen.
> Uno ▪ über den Baumstamm. Oma ▪ Lulus langen Brief.
> Laut und selbstbewusst ▪ Elsa ein Lied.

**2** Ordne die Wörter ihren Wortfamilien zu.
Schreibe sie geordnet auf. Kreise den Wortstamm ein.

> Gesang   schwimmen   denkt   Sprung   packst
> schwimmst   gedacht   Leben   Schwimmer
> Gepäck   denken   Erlebnis   Schwimmkurs   singt
> springst   Gedanke   geschwommen   Sprungturm
> singst   lebendig   wegschwimmen   springen
> gesungen   packen

**3** Finde weitere Wörter zu jeder Wortfamilie.
Kreise den Wortstamm ein.

› Rechtschreibstrategien verwenden: Wortstamm beachten
› morphematische Strategie anwenden
› Schreibweise des Wortstamms auf Wortfamilie übertragen

› Arbeitsheft, Seite 90, 91

## Richtig schreiben
# Verwandte Wörter mit ä/a und äu/au schreiben

**1** Zähle auf dem Bild:

**2** Schreibe die Anzahl untereinander in dein Heft.
Schreibe so: 8 Männer, …

*Denke an die Rechtschreibung! Gibt es ein verwandtes Wort mit a oder au, schreibst du ä oder äu.*

**3** Ergänze die verwandten Wörter:
8 Männer – ein Mann, …

**4** Finde verwandte Wörter mit **a** und **au**.
Schreibe so: täglich – der Tag, …

| täglich | aufräumen | Zäune | gefährlich | das Gebäude |
| älter | die Bäckerei | langhälsig | er fährt | nächtlich |

**5** Schreibe die Wörter auf.
Schreibe bei den Wörtern mit **ä** und **äu** verwandte Wörter dazu.

### ACHTUNG ACHTUNG ACHTUNG

**so gehen wir vor:**
In den Wörtern klingen **ä** und **e** oder **äu** und **eu** gleich. Wenn es ein verwandtes Wort mit **a** oder **au** im Wortstamm gibt, schreibst du **ä** oder **äu**:
das Rad → die Räder
der Traum → träumen

› Rechtschreibstrategien verwenden: Wortstamm beachten
› morphematische Strategie anwenden: Ableiten
› Schreibweise des Wortstamms auf Wortfamilie übertragen
› Arbeitsheft, Seite 92

# Richtig schreiben
## Worttrennung am Zeilenende anwenden

 **1** Lies Lulus Brief. Was fällt dir auf? Was hätte Lulu machen können?

> Liebe Elsa,
> ich war heute Morgen im Detektivbüro. Überall lagen deine bunten Holzstifte herum und auch viele Papierschnipsel. Du könntest vielleicht mal aufräumen, wenn du morgen wieder herkommst.
> Deine Lulu

Sommer-ferien
aus-schlafen

> Wenn das gesamte Wort nicht mehr in die Zeile passt, trenne ich zusammengesetzte Nomen oder Wörter mit vorangestellten Wortbausteinen am Ende der Zeile.

 **2** Trenne die Wörter sinnvoll. Schreibe so: Hunde-leine, weg-laufen, ...

| Hundeleine | weglaufen | Tierarzt | Spielzeug | Futternapf |
| mitspielen | Halsband | anleinen | abtrocknen | Fellbürste |

 **3** Finde die Wörter und schreibe sie mit Trennstrichen in dein Heft. Trenne sinnvoll: Schwimm-becken-rand, ...

SchwimmbeckenrandBademeistertrillerpfeifeStrandhandtuchSprungturmleiterEisstandverkäufer

 **4** Überlege dir weitere Schlangenwörter. Ein Partnerkind setzt die Trennstriche.

Seite 132

› Worttrennung zwischen Wortbausteinen und Komposita kennenlernen und für eigene Texte nutzen
› Worttrennung am Zeilenende üben

› Arbeitsheft, Seite 93

## Texte verfassen
# Einen höflichen Brief planen und schreiben

 **1** Was spricht für die Umgestaltung des Schulhofes? Sammle Argumente.

- Mir ist langweilig! Hier gibt es keine Spielmöglichkeiten.
- Eine Tischtennisplatte wäre toll!
- Und eine Wiese mit vielen Pflanzen.
- Aber Frau Schulze möchte erst ein neues Klavier kaufen, bevor der Schulhof verschönert wird.

 **2** Tausche dich mit einem Partnerkind über die Argumente für die Umgestaltung des Schulhofes aus.

Seite 132

 **3** Lege eine Liste mit den Argumenten an, die für dich wichtig sind.

 **4** Schreibe einen Brief an die Schulleitung. Nutze deine Argumente dafür.

Seite 120

Denke an eine höfliche Anrede und am Ende an eine Grußformel.

Sehr geehrte Frau … oder Sehr geehrter Herr …

Mit freundlichen Grüßen

› funktionsangemessen sprechen: argumentieren
› funktionsgerecht schreiben: Argumente
› Lernergebnisse geordnet festhalten

› Arbeitsheft, Seite 94

## Texte verfassen
## Einen höflichen Brief überarbeiten

 **1** Überarbeitet eure Briefe.
Führt mithilfe der Checkliste eine Schreibkonferenz durch.

Seite 125

Seite 126

 **2** Entscheide selbst, welche Tipps du annehmen möchtest, und überarbeite deinen Brief.

 **3** Versende deinen Brief.

Schulleitung
Frau Schulze

› Text an der Schreibaufgabe überprüfen  › Arbeitsheft, Seite 94
› Text überarbeiten: Schreibkonferenz
› Text sprachlich optimieren und veröffentlichen

**1** Lies den Lupentext.

### Umuts Traum

Schon seit Umut im Kindergarten ist, träumt er davon, einmal zu fliegen. Er hat viele Bücher darüber gelesen. Sein Lieblingsbuch erzählt von der Erfindung des Flugzeugs. Letztes Jahr besuchte Umut einen großen Flughafen. Das war toll! Er beobachtete die Flugzeuge beim Abfliegen und Landen. In den Sommerferien fliegt er zum ersten Mal in den Urlaub, obwohl seine Mutter Flugangst hat.

Seite 131

**2** Im Text haben sich Wörter einer Wortfamilie versteckt. Schreibe sie auf und kreise den Wortstamm ein.

**3** Finde weitere Wörter dieser Wortfamilie und schreibe sie dazu. Umkreise den Wortstamm.

**4** Trenne die Wörter mit Trennstrichen.

Kindergarten   Flugzeug   Flughafen   abfliegen   Flugangst

**5** Bilde eine Wortfamilie zum Wortstamm **schlaf**. Schreibe sie auf und kreise den Wortstamm ein.

› Übungsformen selbstständig nutzen
› über Fehlersensibilität und Rechtschreibgespür verfügen
› an Wörtern und Texten arbeiten

› Arbeitsheft, Seite 95

**1** Erstelle die Wortfamilie zum Wortstamm FALL.
Bilde auch die verschiedenen Personalformen im Präsens und im Präteritum. Kreise den Wortstamm ein.

**2** Bilde alle Personalformen im Präsens und Präteritum mit dem Wortstämmen SPRING und FLIEG.
Schreibe sie auf und kreise den Wortstamm ein.

**3** Bilde aus jedem Nomen ein Adjektiv mit den nachgestellten Wortbausteinen **-ig** oder **-lich**.
Schreibe sie auf und kreise den nachgestellten Wortbaustein ein.

| Wind | Sonne | Sport | Hunger | Kraft | Angst | Staub |
| Sand | Gefahr | Ecke | Glück | Schatten | Wort | Ruhe |

**4** Aus welchen Wortbausteinen bestehen die Wörter?
Schreibe sie auf und kreise Wortstamm und Wortbausteine ein.
Staubigkeit   Ängstlichkeit   Ungeheuerlichkeit

**5** Wähle drei Wörter aus dem Kasten aus und nimm sie unter die Lupe.
Schreibe alles auf, was du zu den Wörtern weißt.

| träumt | Lieblingsbuch | schattig | Sportlichkeit | fiel |

Seite 132

› Rechtschreib- und Grammatikwissen anwenden
› Begründungen und Erklärungen geben
› grundlegende sprachliche Begriffe und Strukturen kennen

› Arbeitsheft, Seite 96

# Detektivwissen überprüfen

- Argumente formulieren
- höflichen Brief schreiben
- Wortstämme und Wortbausteine kennen
- Wortstamm für die Rechtschreibung nutzen

Seite 133

**Ich kenne mich aus bei Wortfamilien.**

Alle Wörter einer Wortfamilie sind Nomen.

Wörter einer Wortfamilie haben denselben Wortstamm.

Alle Wörter einer Wortfamilie haben den Wortbaustein **-heit**.  )

Wörter mit dem Wortbaustein **-ieren** sind Adjektive.

**Ich kenne mich aus bei Wortstämmen.**

Alle Wörter mit **ä** sind Adjektive.

Gibt es ein verwandtes Wort mit **au**, schreibe ich **äu**. m -

› über Lernerfahrungen sprechen
› eigenen Lernstand einschätzen und Lernschritte planen
› Lernergebnisse präsentieren

Schaue zuerst auf Seite 133!

# Tipps zum Schreiben und Lernen

So geht es:

1. Schreibideen sammeln

   - Entscheide dich für ein Thema.
   - Überlege, was die anderen darüber erfahren sollen.

   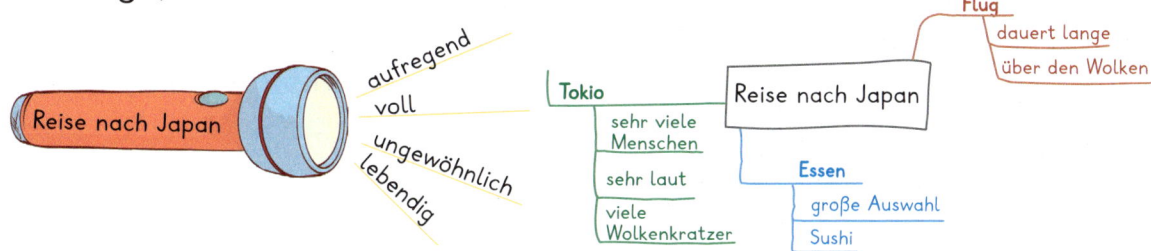

   - Schreibe Stichwörter oder kurze Texte zu deinen Ideen auf.
   - Arbeite mit einem Partnerkind.
     Macht den Inhalts-Check und den Rechtschreib-Check.
   - Überarbeite deine Schreibergebnisse.
   - Trage deine Schreibergebnisse in eine Vorlage ein.
     Überlege vorher, ob die Vorlage zu deinen Schreibideen passt.

2. Gestaltungswerkzeug

   - Falte das Lapbook so, dass man es aufklappen kann.
   - Wähle Vorlagen zu deinen Schreibideen aus.
   - Bedenke: Einige Vorlagen eignen sich besonders gut für Texte, andere für Stichwörter und Bilder.
   - Verteile deine fertigen Vorlagen in deinem Lapbook und klebe sie sorgfältig ein.
   - Vervollständige dein Lapbook mit Bildern und Fotos, finde Überschriften für die einzelnen Vorlagen.

Erlebnisse
Hier bin ich gewesen ...
Das war besonders schön ...
Was ich gern erlebt hätte ...

Sachthemen
Aussehen
Lebensraum
Nahrung

› funktionsgerecht schreiben: Lapbook
› sprachliche Mittel und Ideen sammeln
› Lernergebnisse geordnet festhalten

# Tipps zum Schreiben und Lernen

**Vom Comic zum Erzähltext**

So geht es:

1. **Schreibideen sammeln**
   - Betrachte die einzelnen Bilder genau.
   - Achte auf: Erzählkästen, Sprechblasen, Gesichtsausdrücke, Soundwörter und Speedlines, Wort- und Zeithinweise.
   - Überlege, ob du die Geschichte verstanden hast, und erzähle deine Geschichte einem Partnerkind.

2. **Erzähltext aufschreiben**
   - Schreibe die Geschichte auf.
   - Schreibe, ...
     - was passiert und warum.
     - wo und wann es passiert.
     - was die Hauptfiguren denken, fühlen und sagen.
   - Schreibe einen Schluss, der zur Geschichte passt.
   - Überlege dir eine Überschrift für deine Geschichte, die neugierig macht, aber nicht zu viel verrät.

3. **Schreibwerkzeug**
   - Wandle Sprech- und Denkblasen in wörtliche Rede um.
   - Schreibe, was die Figuren sagen, sehen, hören, fühlen.
   - Beschreibe die Geräusche der Soundwörter und Bewegungen der Speedlines in Sätzen.
   - Erzähle Wichtiges genau.

WUMMS
WUSCH
CRASH
PLATSCH
ZISCH

**Gefühle beschreiben**
lachen, sich fürchten, heulen, sich freuen, grinsen, weinen, zögern, schniefen ...

**Bewegung ausdrücken**
rennen, hüpfen, rasen, flitzen, schleichen, humpeln, gehen, springen, schlendern, laufen ...

**Geräusche ausdrücken**
knistern, klatschen, klopfen, zischen, knallen, poltern, piepen, krispeln, knattern ...

PSST
DING DONG
PUH
CH ... CH ... CH

› funktionsgerecht schreiben: Erzähltext
› sprachliche Mittel und Ideen sammeln
› Reihenfolge beachten

## So geht es:

**Beschreibung**

1. **Vorbereitung**
   - Betrachte genau, was du beschreiben willst.
   - Gehe mit deinen Augen spazieren:
     erst in die eine Richtung und dann zurück.
   - Überlege, was du kennst und was du nicht kennst.
     Weißt du die passenden Begriffe
     oder musst du dir Informationen beschaffen?
   - Lege dir eine Stichwortsammlung an:
     - Was kannst du mit welchen Worten genau beschreiben?
     - Verwende Fachausdrücke, Adjektive, Vergleiche
       oder zusammengesetzte Nomen.
   - Überlege, was zusammengehört.
   - Entscheide dich für eine gute Reihenfolge:
     Beginne mit den wichtigsten Informationen.
   - Nummeriere deine Stichworte.

2. **Schreibwerkzeug**
   - Ergänze deine Stichworte zu ganzen Sätzen.
   - Schreibe sie in deiner Reihenfolge auf.
     Manche Sätze kann man verbinden.
   - Manche Beschreibungen kann man aufzählen.
   - Schreibe eine Überschrift.

*Beschreibe so, dass eine andere Person es sich gut vorstellen kann.*

- Am Hinterleib ist ein Stachel zu sehen / zu erkennen.
- Die Fühler befinden sich am Körper. Die Flügel sitzen am Körper.
- Das Tier hat / besitzt / weist eine bunte Färbung auf.
- Die Form ist als rund zu beschreiben.
- Der Körper sieht aus wie / erinnert an eine Nuss.
- Besonders / Auffallend ist das Muster der Flügel.

› funktionsgerecht schreiben: Beschreibung
› sprachliche Mittel und Ideen sammeln
› Lernergebnisse geordnet festhalten

# Tipps zum Schreiben und Lernen

So geht es:

## Pro- und Kontra-Listen

1. **Reihenfolge**
   - Schreibe das Thema oder die Frage auf.
   - Überlege, wie du über das Thema denkst, und entscheide dich für eine Seite: pro → dafür oder kontra → dagegen
   - Tausche dich mit einem Partnerkind aus, das derselben Meinung ist.
   - Überlegt euch Argumente für eure Meinung. Schreibt die Argumente untereinander auf.

2. **Schreibwerkzeug**
   - Unterscheide Argumente in pro und kontra.
   - Schreibe deine Argumente so auf, dass andere sie gut verstehen können. Begründe Gedanken oder Gefühle.
   - Überlege dir Beispiele für deine Argumente.
   - Versuche, jemanden von deiner Meinung zu überzeugen, indem du sie mit Argumenten begründest.

Unser Verbrauch an Batterien spricht dafür, dass wir neue Taschenlampen mit Akkus kaufen.

Ich finde, dass unsere Taschenlampen schon sehr alt sind.

Der Umweltschutz spricht gegen Akkus, weil Batterien besser für die Umwelt sind.

Meiner Meinung nach brauchen wir keine neuen Taschenlampen, weil ...

› funktionsgerecht schreiben: Argumente
› sprachliche Mittel und Ideen sammeln
› Lernergebnisse geordnet festhalten

So geht es:

## Gruselgeschichte

1. **Reihenfolge**
   - Beschreibe am Anfang deiner Geschichte den ungewöhnlichen Ort, an dem du dich befindest, genau.
   - Erzähle von etwas Gruseligem.
   - Lass etwas Aufregendes passieren.
   - Erzähle den gruseligsten Teil der Geschichte.
   - Erzähle, wie die Geschichte endet.
   - Überlege dir eine Überschrift für deine Geschichte, die neugierig macht, aber nicht zu viel verrät.

2. **Schreibwerkzeug**
   - Verwende wörtliche Rede.
   - Schreibe, was du (oder andere) siehst, hörst, fühlst, riechst, schmeckst und ertastest.
   - Verwende Wörter, die auf etwas Überraschendes und Gruseliges hinweisen.
   - Benutze Wörter, die beschreiben, wie du (oder andere) etwas tust.
   - Beschreibe Wichtiges genau.

- schreien, rufen, brüllen, zischen
- schrill, merkwürdig, komisch, zitternd, erschüttert, starr,
- nebelig, düster, verlassen, einsam, dunkel, verregnet, schmutzig, kalt, eisig,
- schleichen, tasten, rennen, zögern, schmeißen, poltern, tippeln, flattern, blitzen, scheinen
- plötzlich, auf einmal, niemals, immer, noch nie, später

# Tipps zum Schreiben und Lernen

So geht es:

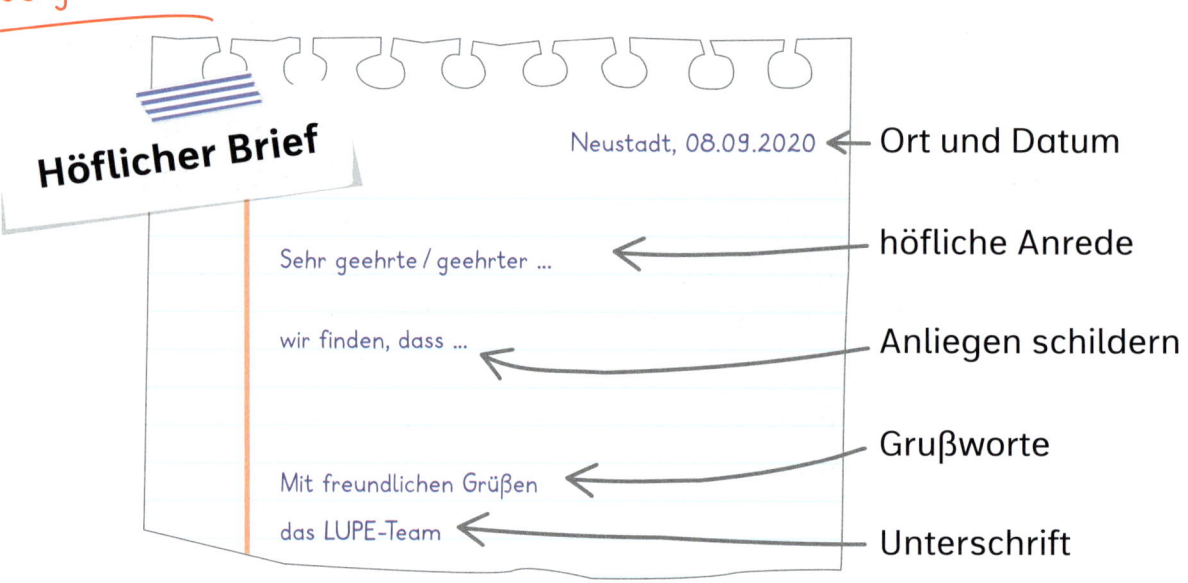

- Ort und Datum
- höfliche Anrede
- Anliegen schildern
- Grußworte
- Unterschrift

**1.** Inhalt

- Informiere dich über den Empfänger.
- Sprich den Empfänger höflich an (Anrede).
- Begründe dein Anliegen und deine Meinung mit Argumenten, um den Empfänger zu überzeugen.
- Beende dein Anliegen mit einer Bitte oder einer Frage.
- Schließe den Brief mit höflichen Grußworten und deiner Unterschrift ab.
- Mach den Inhalts-Check und den Rechtschreib-Check.

- Höfliche Anrede:
  Sehr geehrte Frau Schnabel,
  Sehr geehrter Herr Klotz,
- Grußwort:
  Mit freundlichen Grüßen
  Es grüßt Sie
  Freundliche Grüße
- Anredewörter:
  Sie, Ihr, Ihren, Ihre, Ihnen

- Meinung ausdrücken
  Ich meine, dass …
  Ich denke, dass …
  Ich finde …, weil …
  Meiner Meinung nach …
  Ein Argument dafür ist …
  Ein Argument dagegen ist …
  Wir finden, dass …
  Wir denken, dass …

› funktionsgerecht schreiben: formeller Brief
› sprachliche Mittel und Ideen sammeln
› Lernergebnisse geordnet festhalten

## Du möchtest Ideen sammeln und ordnen?

### Ideen-Karte

- Schreibe die Überschrift zu deinem Thema in die Mitte des Blattes und rahme sie ein.
- Finde Ideen zu deinem Thema und schreibe sie um die Überschrift herum.
- Verbinde deine Ideen mit der Überschrift.
- Schreibe weitere Gedanken zu deinen Ideen dazu.
- Du kannst auch verschiedene Farben benutzen.

### Ideen-Lampe

- Schreibe einen Begriff in die Taschenlampe.
- Überlege, was zu diesem Begriff passt.
- Schreibe alles auf die Strahlen, was dir einfällt.

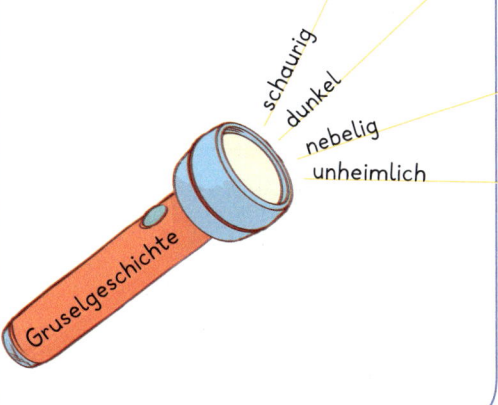

## Du möchtest Wörter zu einem bestimmten Thema sammeln?

### Wortfeld

- Zu einem Wortfeld gehören Wörter mit **ähnlicher Bedeutung**.
- Mit den Wörtern kannst du dich **genauer ausdrücken**. Geschichten und Texte werden dadurch **abwechslungsreicher**.
- Die Wörter eines Wortfelds gehören meistens zu derselben Wortart.

**Wortfeld:** gehen

rasen
stampfen
rennen
laufen
schleichen
schlendern

› Wörter sammeln und ordnen
› sprachliche Mittel gezielt einsetzen
› Texte sprachlich optimieren

# Tipps zum Schreiben und Lernen

<u>Du möchtest dich
an etwas erinnern können?</u>

**Notizen schreiben**

Schreibe nur **einzelne Wörter** oder **kurze Sätze** auf.
Überprüfe, ob dir deine Notizen beim Erinnern helfen.
Beispiele:

| Es war an einem schönen Sonntagabend. Die Detektive waren auf dem Weg ins Kino. Plötzlich entdeckte Umut auf dem Fußweg einen Schlüssel. | - schöner Sonntagabend<br>- auf dem Weg ins Kino<br>- Schlüssel liegt auf dem Weg |

 Paul, bitte denke an Tomaten, Salat, Butter und Milch!

- Tomaten
- Salat
- Butter
- Milch

<u>Du möchtest deine Ideen
zu einer Geschichte ordnen?</u>

**Geschichtenpfad nutzen**

1. **Überlege** dir, was du schreiben möchtest.
2. **Schreibe** einzelne Wörter und kurze Sätze auf.
3. **Lege** deine Notizen in der richtigen **Reihenfolge** auf den Geschichtenpfad.
4. **Erzähle** einem Partnerkind deine Geschichte.
5. Wenn nötig, **verändere** deine Geschichte.
6. **Schreibe** deine Geschichte in ganzen Sätzen auf.

› sprachliche Mittel und Ideen sammeln und ordnen
› strukturiert und funktionsgerecht schreiben: Notizen
› Texte an der Schreibaufgabe überprüfen

**Du möchtest deine Gedanken aufschreiben?**

**Gedanke → Stichwort → Text**

1. Überlege:
   Zu welchem Thema möchtest du etwas aufschreiben?

   Burg

2. Schreibe deine Gedanken dazu auf.
   Damit es schneller geht,
   notiere nur wichtige Wörter (Stichworte).

   - Mauer ringsherum
   - Wehrturm
   - Burgfried
   - Burggraben
   - Ritter
   - Verteidigung

3. Ergänze deine Stichworte.
   Schreibe weitere Wörter auf, um Sätze zu schreiben.
   Denke an Nomen, Verben und Adjektive.

   - Um die Burg geht ringsherum eine Mauer.
   - An einer Seite ist der Burgfried.
   - Auf der Burg lebten Ritter mit ihren Familien.
   - Die dicke Mauer dient der Verteidigung.

4. Ordne deine Sätze, damit daraus ein Text entsteht.
   Entscheide, an welcher Stelle du beginnst:
   Worüber möchtest du zuerst schreiben?
   Wie geht es dann sinnvoll weiter?

   Auf einer Burg lebten im Mittelalter Ritter mit ihren Familien. Viele Burgen stehen hoch oben über der Stadt auf einem Berg. Um die Burg geht ...

5. Lies deinen Text einem Partnerkind vor.
   Konnte es alles verstehen? Fehlen Informationen?

› Lernergebnisse strukturiert festhalten
› sprachliche Mittel und Ideen sammeln
› Reihenfolge beachten

# Tipps zum Schreiben und Lernen

*Du möchtest wichtige Informationen aus einem Text notieren?*

**Text → Stichwort → Satz**

1. Lies den Text aufmerksam.
2. Schaue die Bedeutung unbekannter Wörter nach oder frage jemanden.
3. Lies den Text erneut, um ihn zu verstehen.
4. Verschaffe dir einen Überblick über den Text, indem du wichtige Informationen markierst.
5. Markiere nur einzelne Wörter oder Wortgruppen.
6. Schreibe deine markierten Informationen in kurzen Stichwörtern untereinander auf.

*Stichwörter fassen die wichtigsten Informationen zusammen.*

Amrum
Amrum ist eine <u>Insel in Schleswig-Holstein</u>. Sie ist die <u>viertgrößte nordfriesische Insel</u>. Dort kann man richtig schön Urlaub machen. Im Sommer kann man im Meer gut baden. <u>Im Meer</u> und <u>auf den Sandbänken</u> leben <u>Seehunde, Kegelrobben und Schweinswale</u>. An Land findet man <u>Eidechsen, Frösche, Kröten und Molche</u>, aber auch <u>Möwen und Enten</u>. Wenn man Glück hat, kann man schöne Fotos von den Tieren schießen.

Meine Stichwörter zu Amrum:
- Insel in Schleswig-Holstein
- viertgrößte nordfriesische Insel
- Tiere im Meer und auf Sandbänken: Seehunde, Kegelrobben, Schweinswale
- Tiere an Land: Eidechsen, Frösche, Kröten, Molche, Möwen, Enten

Möchtest du aus den Stichwörtern einen eigenen Text schreiben?

7. Bringe deine Stichwörter in eine sinnvolle Reihenfolge. Du kannst sie mit Nummern sortieren.
8. Bilde aus deinen Stichwörtern Sätze und schreibe sie auf.

Mein Text zu Amrum:
Amrum ist eine Insel in Schleswig-Holstein und die viertgrößte nordfriesische Insel. Im Meer und auf Sandbänken leben Seehunde, Kegelrobben, Schweinswale. An Land leben Eidechsen, Frösche, Kröten, Molche, Möwen und Enten.

› Lernergebnisse strukturiert festhalten
› sprachliche Mittel und Ideen sammeln
› Stichwörter nutzen

Du möchtest einen Text beurteilen?

**Feedback geben**

- Überlege zuerst:
  Welche Art von Text wirst du hören?
  Was weißt du über den Text und was erhoffst du dir?
- Worauf willst du achten?
- Nutze das Material.

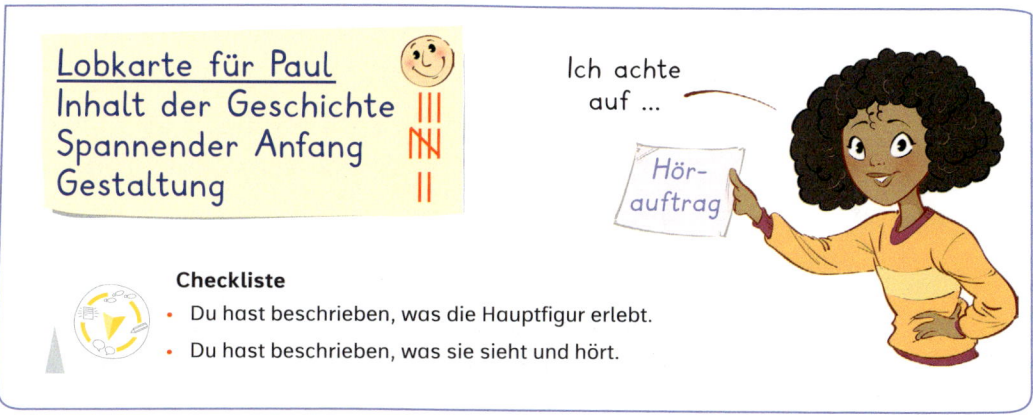

- Übernimm eine Aufgabe.
- Lies den Text genau oder höre aufmerksam zu.
- Mache dir Notizen zu deinen Gedanken.
- Gib nette Rückmeldung. Lobe, was gut war.
  Sage deine Ideen für Verbesserungen.

› Texte auf Verständlichkeit und Wirkung untersuchen
› Überarbeitungsmethoden kennen und nutzen
› andere in ihrem Lernprozess unterstützen

# Tipps zum Schreiben und Lernen

## Du willst deinen Text inhaltlich verbessern?

- Arbeite mit einem Partnerkind.
- Dein Partnerkind liest deinen Text leise.
  Dann liest es dir deinen Text laut vor.
- Wenn dein Partnerkind etwas nicht versteht, macht es eine Pause.
- Überlegt, was du verbessern könntest.
- Macht dazu Notizen.
  Klebt zum Beispiel kleine Klebezettel in den Text.
- Entscheide, was du ändern willst.
- Verbessere deinen Text zum Beispiel so:
  - Du kannst etwas durchstreichen oder überkleben und dann neu darüberschreiben.
  - Du kannst Sätze herausschneiden.
  - Du kannst den Text neu schreiben.

## Du willst deinen Text auf Fehler überprüfen?

- Lies den Text halblaut.
- Unterstreiche jedes Wort,
  bei dem du Zweifel an der Schreibweise hast.
  Schreibe eine andere mögliche Schreibweise auf.
  Vergleiche. Was sieht richtig aus?
- Nutze Rechtschreibstrategien:
  Kannst du die richtige Schreibweise ermitteln?
- Schlage in der Wörterliste oder im Wörterbuch nach.
- Streiche falsch geschriebene Wörter durch
  und schreibe sie richtig darüber.
- Achte auch auf die Großschreibung.
  Nutze die Schiebewortprobe.

› Texte auf Verständlichkeit und Wirkung untersuchen
› Überarbeitungsmethoden kennen und nutzen
› Texte sprachlich optimieren

## Du möchtest deinen Text präsentieren?

**Textplakat**

- Schreibe das Thema oder die Überschrift groß auf das Plakat.
- Überlege dir, wie du deinen Text auf dem Plakat aufteilen möchtest, und zeichne dir mit dünnen Bleistiftlinien Markierungen auf.
- Deine Schrift muss gut lesbar sein.
- Wichtige Wörter kannst du mit anderen Farben oder dickeren Stiften hervorheben.
- Du kannst deinen Text auch abtippen und aufkleben.

**Geschichtenbuch**

- Falte ein Geschichtenbuch. Falls du mehr Seiten brauchst, kannst du zwei Bücher zusammenkleben.
- Schreibe die Seitenzahlen von vorn nach hinten auf die Seiten.
- Schreibe vorn die Überschrift in die Mitte.
- Deine Schrift muss gut lesbar sein.
- Du kannst deinen Text auch abtippen und aufkleben.
- Schreibe sorgfältig ab und achte auf die Rechtschreibung.
- Du kannst deine Geschichte mit passenden Bildern schmücken.

**Lesevortrag**

*Ich möchte euch jetzt meine Geschichte vorlesen. Sie heißt …*

- Übe, den Text flüssig zu lesen.
- Lies deinen Text so vor, dass die anderen sich in die Stimmung hineinversetzen können.
- Achte auf eine deutliche Aussprache und eine passende Lautstärke.
- Lies nicht zu schnell und mache Pausen zwischen den Sätzen.
- Betone wichtige Wörter und die wörtliche Rede.

› Texte präsentieren
› Texte sprachlich und gestalterisch optimieren
› Texte gestaltend vortragen und Intonation beachten

# Tipps zum Schreiben und Lernen

Du möchtest deinen Text auf dem Computer gestalten?

**Text formatieren**

1. Öffne das Textverarbeitungsprogramm auf deinem Computer.
2. Tippe den Text ab, den du geschrieben hast.
3. Gestalte deinen Text mit Formatierungen.
   Markiere dafür das Wort, indem du es doppelt anklickst.
   Du kannst auch einzelne Buchstaben formatieren.

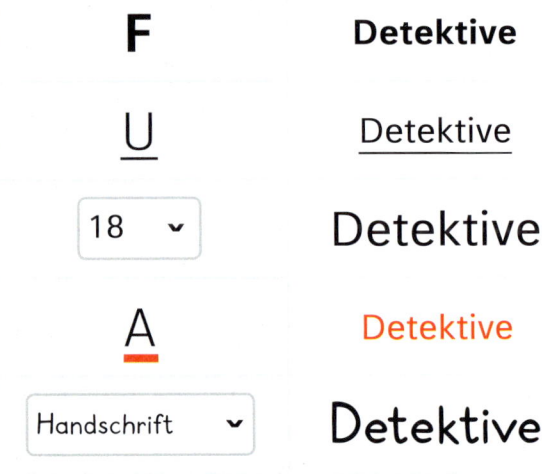

| | | |
|---|---|---|
| fett hervorheben | **F** | **Detektive** |
| unterstreichen | U̲ | Detektive |
| in einer anderen Schriftgröße darstellen | 18 | Detektive |
| in einer anderen Schriftfarbe schreiben | A | Detektive |
| andere Schriftart wählen | Handschrift | Detektive |

Du möchtest das Tablet für eine Präsentation nutzen?

**Digital präsentieren**

Texte kannst du mit dem Tablet auf verschiedene Weise darstellen:
- Textszenen nachspielen und fotografieren
- Text als kleines Theaterstück filmen
- Bilder zu deinen Texten malen, fotografieren und zu einem digitalen Buch zusammenfügen
- Texte vorlesen und aufnehmen
- Text mit verteilten Rollen lesen und ein Hörspiel aufnehmen

› Texte mit einem Textverarbeitungsprogramm erfassen und gestalten
› Lernergebnisse digital aufbereiten und präsentieren

Du möchtest zeigen, was du schon
über Wörter und Sätze weißt?

Auf der Einstiegsseite jedes Kapitels findest du einen Satz.
So kannst du damit üben:
- Schreibe den Satz ab.
- Mache die Busprobe und kreise die Satzglieder ein.
- Lasse dir den Satz von einem Partnerkind diktieren.
  Vergleiche mit dem Satz im Buch. Verbessere die Fehler.
- Verändere die Zeitform: Schreibe im Präsens oder Präteritum auf.
- Führe mit einem Partnerkind ein Rechtschreibgespräch. Erklärt:
  Welche Strategien helfen euch bei der Rechtschreibung?
  Welches Satzzeichen passt zu dem Satz?

Du möchtest Wörter üben?

1. Lies das Wort und sprich dabei deutlich.
2. Schwinge die Silben. Achte auf die Silbenkerne.
3. Überlege, ob du eine Strategie anwenden kannst.
4. Merke dir schwierige Stellen.
5. Schreibe das Wort auf.
6. Vergleiche.
7. Berichtige Fehler. ~~Pinsl~~  Pinsel
8. Kreise schwierige Stellen ein.

So kannst du Wörter jeden Tag üben:
- Partnerdiktat, Schleichdiktat
- Lieblingsfehlerliste
- Ordnen nach dem Abc, nach Anzahl der Silben,
  nach Strategien, nach Wortarten
- Satz bilden und aufschreiben

› über Sprache und Rechtschreibung nachdenken
› Übungsformen selbstständig nutzen
› geübte, rechtschreibwichtige Wörter normgerecht schreiben

# Tipps zum Schreiben und Lernen

Du möchtest dir etwas merken?
Zum Beispiel schwierige Wörter?

**Gedächtnistricks**

**Eselsbrücke** → Wort-Geschichten oder Buchstaben-Bilder erfinden
Beispiele
- Wort-Geschichten für die Rechtschreibung:
  th-Wörter: Theo mag kein Mathe. Er geht lieber ins Theater. Heute ist er krank. Seine Mutter holt ein Thermometer aus der Apotheke.
- Wort-Erklärungen:
  Präteritum ist ein langes Wort
  und weist auf eine lang vergangene Zeit zurück.

**Ordnen** → Wörter ordnen, die du üben möchtest
Beispiele für die Rechtschreibung:
- nach Reimen: kennen – rennen – pennen
- nach Lupenstellen: Wald – Feld – Rand
- nach Wortarten

Beispiele für Wortbedeutungen:
- in einer Tabelle

| Vergangenheit | Gegenwart |
|---|---|
| Präteritum | Präsens |
| ich lief | ich laufe |

Übe die Wörter regelmäßig.

**Fotografieren** → Wörter mit den Augen fotografieren
Beispiele für die Rechtschreibung:
Sieh dir das Wort ganz genau an.
Fotografiere es mit deinen Augen.
Dann kannst du dich an das Wort wie an ein Bild erinnern.
Schreibe genau so.

**Lauschen** → durch das Ohr in den Kopf leiten
Beispiele für die Rechtschreibung:
Lies das Wort genau so, wie du es schreibst.
Das klingt komisch, hilft dir aber dabei,
dich an die Buchstaben zu erinnern.

Deine Ohren helfen dir beim Merken.
Zum Beispiel:
Cro - i - ssant

› Gedächtnisstrategien kennen und anwenden
› eigene Lernerfahrungen beschreiben und reflektieren
› Übungsformen selbstständig nutzen

Du möchtest Wörter
in der Wörterliste finden?

## Wörter nachschlagen

1. Sprich dir das Wort deutlich vor.
2. Überlege, mit welchem Buchstaben das Wort anfängt.
3. Überlege, an welcher Stelle der Buchstabe im Abc steht.
4. Suche die richtige Stelle in der Wörterliste. Beachte auch den zweiten oder dritten Buchstaben und finde das Wort.
5. Bilde bei Verben und Adjektiven die Grundform, denn so stehen die Wörter in der Wörterliste.
6. Zusammengesetzte Nomen stehen nicht in der Wörterliste. Du musst die Nomen einzeln nachschlagen.

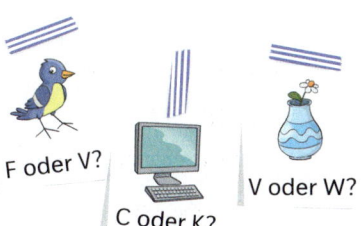

F oder V?
C oder K?
V oder W?

Wenn du ein Wort nicht finden kannst, überlege, ob es vielleicht mit einem anderen Buchstaben beginnt.

Du möchtest einen Text abschreiben?

## Richtig abschreiben

1. Lies den ganzen Text.
2. Lies dann Satz für Satz.
3. Sprich deutlich und beachte Lupenstellen.
4. Merke dir den Satz in einzelnen Abschnitten. Diese können ein Wort oder mehrere Wörter sein.
5. Achte auf die einzelnen Silben und Buchstaben.
6. Schreibe das Wort und die Wörter.
7. Schreibe auch die Satzzeichen.
8. Kontrolliere den Satz. Lies ihn noch einmal und vergleiche mit dem Text.
9. Wenn nötig: Verbessere deine Wörter und schreibe sie noch einmal richtig auf.

› Rechtschreibhilfen verwenden: Wörterliste
› Alphabet kennen und nutzen
› Arbeitstechniken nutzen: methodisch sinnvoll abschreiben

# Tipps zum Schreiben und Lernen

Du möchtest die Schreibweise eines Wortes verstehen?

## Wörter unter der Lupe

An einem Wort kannst du sehr viele Dinge entdecken, wenn du es unter die Lupe nimmst.
Wähle selbst aus, was du unter der Lupe entdecken möchtest.

Ideen:
- Lies das Wort genau und markiere Lupenstellen.
- Setze Silbenbögen: Wie viele Silben hat das Wort?
- Überlege: Welche Strategie hilft beim Richtigschreiben?
- Erkläre: Warum musst du das Wort genau so schreiben?
- Überlege: Zu welcher Wortart gehört das Wort?
- Überlege: Zu welcher Wortfamilie gehört das Wort? Sammle Wörter derselben Wortfamilie.
- Bilde ein Wortfeld zu dem Wort.
- Erkläre die Bedeutung des Wortes.
- Recherchiere: Wie heißt das Wort in anderen Sprachen?

Du möchtest mit einem Partnerkind arbeiten?

## Partnerarbeit

- Triff dein Partnerkind an einer vereinbarten Stelle im Raum oder verabrede dich mit deinem Nachbarkind.
- Vereinbart, wer anfängt.
- Sprecht halblaut, damit ihr die anderen Kinder nicht stört.
- Lasst euch gegenseitig ausreden.
- Helft euch gegenseitig.

› über Sprache und Rechtschreibung nachdenken
› über Lernerfahrungen sprechen
› andere bei ihrem Lernprozess unterstützen

Du möchtest darüber sprechen, was du gelernt hast?

## Lerngespräche führen

Bitte deine Lehrerin oder deinen Lehrer um ein Lerngespräch oder suche dir ein Partnerkind.

Mache dir Notizen zu diesem Gespräch.

Erzähle deiner Lehrerin oder deinem Lehrer:
- Das habe ich gelernt und verstanden: ...
- Das muss ich noch einmal wiederholen: ...
- So möchte ich üben: ...
- Damit fange ich an: ...

Du möchtest dein Wissen testen?

## Knack den Code

1. Lies die Sätze und überlege: richtig oder falsch?
2. Kennzeichne die Felder zum Beispiel mit einem Knopf, einem Muggelstein oder einem kleinen Klebezettel.
3. Schreibe die Zeichen der Reihe nach auf einen Zettel oder in dein Heft.
4. Schreibe den Code in deinen Detektivpass oder gib ihn unter www.passwort-lupe.de ein.

Nicht im Buch ankreuzen!

› über Lernerfahrungen sprechen
› die eigene Kompetenzentwicklung einschätzen
› Lernergebnisse präsentieren

# Wichtige Mini-Wörter

| | | | |
|---|---|---|---|
| aber | kein | Wann? | |
| also | nach | Warum? | |
| auch | nachdem | Was? | |
| bei | neben | Welche? | |
| beide | nicht | Welcher? | |
| dein | nichts | Welches? | |
| dies | nie | Wem? | |
| dir | noch | Wer? | |
| doch | nun | Wie? | |
| durch | seid | Wie viele? | |
| ein | sein | | |
| einige | sich | | |
| einmal | sogar | | |
| etwas | über | diese | keine | letzte |
| euch | unter | diesem | keinem | letztem |
| für | viel | diesen | keinen | letzten |
| gegen | viele | dieser | keiner | letzter |
| hast | vieles | dieses | keines | letztes |
| hatte | vielleicht | | | |
| heraus | werden | | | |
| herein | wieder | | | |
| hier | wird | | | |
| hinein | wurde | | | |
| immer | wurden | | | |
| jetzt | zwischen | | | |

› rechtschreibwichtige Wörter normgerecht schreiben  › Siehe Seite 131
› Rechtschreibhilfen verwenden: Wörterliste

## A

| | |
|---|---|
| das | **Aas,** die Aase |
| der | **Abend,** die Abende |
| | **allein** |
| | **alt,** älter, am ältesten |
| die | **Ameise,** die Ameisen |
| die | **Angst,** die Ängste |
| | **ängstlich,** ängstlicher, am ängstlichsten |
| | **antworten,** er antwortet, er antwortete |
| der | **Apfel,** die Äpfel |
| die | **Apfelsine,** die Apfelsinen |
| | **ärgerlich,** ärgerlicher, am ärgerlichsten |
| | **ärgern,** sie ärgert, sie ärgerte |
| das | **Argument,** die Argumente |
| | **aufhängen,** er hängt auf, er hängte auf |
| die | **Aussage,** die Aussagen |
| das | **Auto,** die Autos |

## B

| | |
|---|---|
| | **backen,** er backt, er buk |
| | **baden,** er badet, er badete |
| der | **Bart,** die Bärte |
| der | **Bauch,** die Bäuche |
| der | **Baum,** die Bäume |
| der | **Beamer,** die Beamer |
| das | **Beet,** die Beete |
| | **beginnen,** sie beginnt, sie begann |
| das | **Benzin,** die Benzine |
| | **beobachten,** er beobachtet, er beobachtete |
| der | **Berg,** die Berge |
| der | **Besen,** die Besen |
| | **besser** |
| die | **Bestellung,** die Bestellungen |
| das | **Bett,** die Betten |
| die | **Beule,** die Beulen |
| | **beweglich,** beweglicher, am beweglichsten |
| | **bewölkt,** bewölkter, am bewölktesten |
| die | **Bibel,** die Bibeln |
| der | **Biber,** die Biber |
| die | **Biene,** die Bienen |
| | **bisschen** |
| | **bitten,** er bittet, er bat |

| | |
|---|---|
| das | **Blatt,** die Blätter |
| | **bleiben,** er bleibt, er blieb |
| | **blicken,** sie blickt, sie blickte |
| | **blühen,** sie blüht, sie blühte |
| die | **Blume,** die Blumen |
| | **braten,** er brät, er briet |
| | **brauchen,** er braucht, er brauchte |
| die | **Brille,** die Brillen |
| das | **Brot,** die Brote |
| der | **Brotlaib,** die Brotlaibe |
| | **brummen,** er brummt, er brummte |
| | **bunt,** bunter, am buntesten |
| die | **Burg,** die Burgen |

## C

| | |
|---|---|
| der | **Cent,** die Cents |
| die | **Chance,** die Chancen |
| der | **Chor,** die Chöre |
| der | **Comic,** die Comics |
| der | **Computer,** die Computer |
| der | **Container,** die Container |

› rechtschreibwichtige Wörter normgerecht schreiben  › Siehe Seite 131
› Rechtschreibhilfen verwenden: Wörterliste

# Wörterliste

der **Dachs,**
die Dachse
**danken,** er dankt,
er dankte
**denken,** sie denkt,
sie dachte
das **Detail,** die Details
der **Detektiv,**
die Detektive
**deutlich,**
deutlicher,
am deutlichsten
**Deutschland**
**dicht,** dichter,
am dichtesten
**dick,** dicker,
am dicksten
die **Distel,** die Disteln
die **Dose,** die Dosen
**draußen**
**dreckig,** dreckiger,
am dreckigsten
**drehen,** sie dreht,
sie drehte
die **Drehung,**
die Drehungen
**drohen,** er droht,
er drohte
die **Dunkelheit**
**dünn,** dünner,
am dünnsten
**dürfen,** sie darf,
sie durfte
**durstig,** durstiger,
am durstigsten

die **Echse,** die Echsen
die **Ecke,** die Ecken
**eckig,** eckiger,
am eckigsten
**ehrlich,** ehrlicher,
am ehrlichsten
**eigentlich**
**eilig,** eiliger,
am eiligsten
die **Einladung,**
die Einladungen
**einwerfen,** sie wirft
ein, sie warf ein
**eklig,** ekliger,
am ekligsten
die **E-Mail,** die E-Mails
**empfinden,**
er empfindet,
er empfand
**endlich**
die **Ente,** die Enten
**entgegen**
**entscheiden,**
sie entscheidet,
sie entschied
**entwickeln,**
sie entwickelt,
sie entwickelte
die **Ergänzung,**
die Ergänzungen
sich **erinnern,**
sie erinnert sich,
sie erinnerte sich
**erklären,** er erklärt,
er erklärte

die **Erklärung,**
die Erklärungen
**erleben,** sie erlebt,
sie erlebte
die **Ernährung**
die **Ernte,** die Ernten
**erwarten,**
sie erwartet,
sie erwartete
**essen,** er isst, er aß
die **Eule,** die Eulen
**Europa**
die **Ewigkeit,**
die Ewigkeiten
**explodieren,**
er explodiert,
er explodierte

**fahren,** sie fährt,
sie fuhr
das **Fahrrad,**
die Fahrräder
die **Fahrt,** die Fahrten
**fair,** fairer,
am fairsten
der **Fall,** die Fälle
**fallen,** er fällt,
er fiel
**fangen,** er fängt,
er fing
**färben,** er färbt,
er färbte
das **Fass,** die Fässer

› rechtschreibwichtige Wörter normgerecht schreiben
› Rechtschreibhilfen verwenden: Wörterliste
› Siehe Seite 131

| | | | | | | |
|---|---|---|---|---|---|---|
| das | **Feld,** die Felder | | **freundlich,** freundlicher, am freundlichsten | | **geben,** er gibt, er gab | |
| die | **Ferien** | | **friedlich,** friedlicher, am friedlichsten | die | **Gefahr,** die Gefahren | |
| | **fertig** | | **frisieren,** sie frisiert, sie frisierte | | **gefährlich,** gefährlicher, am gefährlichsten | |
| das | **Fest,** die Feste | | | | | |
| die | **Fibel,** die Fibeln | | | | | |
| | **finden,** er findet, er fand | | | | **gehen,** er geht, er ging | |
| die | **Fledermaus,** die Fledermäuse | | **fröhlich,** fröhlicher, am fröhlichsten | das | **Geld,** die Gelder | |
| | **fleißig,** fleißiger, am fleißigsten | der | **Fuchs,** die Füchse | die | **Gemütlichkeit,** die Gemütlichkeiten | |
| | **fliegen,** sie fliegt, sie flog | | **fühlen,** sie fühlt, sie fühlte | das | **Gewächs,** die Gewächse | |
| der | **Floh,** die Flöhe | | **führen,** sie führt, sie führte | | **gewinnen,** er gewinnt, er gewann | |
| das | **Flugzeug,** die Flugzeuge | | **furchtbar,** furchtbarer, am furchtbarsten | das | **Gewitter,** die Gewitter | |
| der | **Fluss,** die Flüsse | | **fürchten,** er fürchtet, er fürchtete | | **gewöhnlich,** gewöhnlicher, am gewöhnlichsten | |
| | **fotografieren,** sie fotografiert, sie fotografierte | | | die | **Gitarre,** die Gitarren | |
| | **fragen,** er fragt, er fragte | der | **Fußball,** die Fußbälle | die | **Gitarrensaite,** die Gitarrensaiten | |
| | **frei,** freier, am freisten | | | | **glatt,** glatter, am glattesten | |
| die | **Freiheit,** die Freiheiten | |   | das | **Glück** | |
| | **fremd,** fremder, am fremdesten | | | | **glücklich,** glücklicher, am glücklichsten | |
| | **fressen,** sie frisst, sie fraß | die | **Gabel,** die Gabeln | | | |
| | | | **galoppieren,** er galoppiert, er galoppierte | | | |
| der | **Freund,** die Freunde | die | **Gänsehaut** | der | **Gorilla,** die Gorillas | |
| die | **Freundin,** die Freundinnen | die | **Gardine,** die Gardinen | | **gut,** besser, am besten | |

› rechtschreibwichtige Wörter normgerecht schreiben
› Rechtschreibhilfen verwenden: Wörterliste

› Siehe Seite 131

# Wörterliste

haben, er hat, er hatte
der Hai, die Haie
die Hand, die Hände
das Handy, die Handys
der Hase, die Hasen
hässlich, hässlicher, am hässlichsten
die Heizung, die Heizungen
herstellen, sie stellt her, sie stellte her
das Herzklopfen
herzlich, herzlicher, am herzlichsten
die Hitze
hoch, höher, am höchsten
hoffentlich
holen, er holt, er holte
hoppeln, sie hoppelt, sie hoppelte
hören, sie hört, sie hörte
die Hose, die Hosen
der Hügel, die Hügel
der Hunger
hungrig, hungriger, am hungrigsten
die Hupe, die Hupen
hüpfen, sie hüpft, sie hüpfte
der Hut, die Hüte
die Hyäne, die Hyänen

die Idee, die Ideen
das Iglu, die Iglus
die Information, die Informationen
informieren, er informiert, er informierte
interessant, interessanter, am interessantesten
sich interessieren, er interessiert sich, er interessierte sich

jagen, er jagt, er jagte
jung, jünger, am jüngsten

das Kabel, die Kabel
die Kabine, die Kabinen
der Kaiser, die Kaiser
der Kakadu, die Kakadus
der Kamin, die Kamine
kämmen, er kämmt, er kämmte
kassieren, sie kassiert, sie kassierte
die Katze, die Katzen
kaufen, er kauft, er kaufte
das Kennzeichen, die Kennzeichen
die Keule, die Keulen
das Kind, die Kinder
das Kino, die Kinos
klatschen, er klatscht, er klatschte
kleben, sie klebt, sie klebte
klein, kleiner, am kleinsten
klettern, sie klettert, sie kletterte
das Klima
klug, klüger, am klügsten
knurren, sie knurrt, sie knurrte
kochen, er kocht, er kochte
kommen, sie kommt, sie kam
können, er kann, er konnte

› rechtschreibwichtige Wörter normgerecht schreiben  › Siehe Seite 131
› Rechtschreibhilfen verwenden: Wörterliste

| | |
|---|---|
| | **kopieren,** sie kopiert, sie kopierte |
| der | **Korb,** die Körbe |
| | **krabbeln,** sie krabbelt, sie krabbelte |
| die | **Kraft,** die Kräfte |
| | **kräftig,** kräftiger, am kräftigsten |
| die | **Krähe,** die Krähen |
| | **krähen,** er kräht, er krähte |
| die | **Krankheit,** die Krankheiten |
| die | **Kuh,** die Kühe |
| der | **Kuss,** die Küsse |

| | |
|---|---|
| | **lächeln,** sie lächelt, sie lächelte |
| | **lachen,** er lacht, er lachte |
| der | **Lachs,** die Lachse |
| | **langweilig,** langweiliger, am langweiligsten |
| die | **Laube,** die Lauben |
| | **laufen,** er läuft, er lief |
| | **lauschen,** sie lauscht, sie lauschte |
| die | **Lawine,** die Lawinen |
| | **leben,** er lebt, er lebte |
| der | **Lehrer,** die Lehrer |
| die | **Lehrerin,** die Lehrerinnen |
| | **leihen,** sie leiht, sie lieh |
| die | **Leitung,** die Leitungen |
| | **lernen,** er lernt, er lernte |
| | **lesen,** er liest, er las |
| | **leserlich,** leserlicher, am leserlichsten |
| die | **Lieblingsmusik** |
| das | **Lied,** die Lieder |
| die | **Lippe,** die Lippen |
| der | **Liter,** die Liter |
| | **loben,** sie lobt, sie lobte |
| | **losen,** er lost, er loste |
| | **lösen,** sie löst, sie löste |
| der | **Löwe,** die Löwen |
| der | **Luchs,** die Luchse |

| | |
|---|---|
| | **mähen,** sie mäht, sie mähte |
| die | **Mähne,** die Mähnen |
| der | **Mai** |
| die | **Mailbox,** die Mailboxen |
| der | **Mais** |
| die | **Mandarine,** die Mandarinen |
| der | **Mann,** die Männer |
| die | **Mannschaft,** die Mannschaften |
| der | **Mantel,** die Mäntel |
| die | **Margarine** |
| der | **Marienkäfer,** die Marienkäfer |
| | **marschieren,** er marschiert, er marschierte |
| die | **Maschine,** die Maschinen |
| der | **Maulwurf,** die Maulwürfe |
| die | **Maus,** die Mäuse |
| die | **Medaille,** die Medaillen |
| die | **Medien** |
| die | **Medizin** |
| das | **Meer,** die Meere |
| die | **Meinung,** die Meinungen |
| | **merken,** er merkt, er merkte |
| | **messen,** sie misst, sie maß |
| das | **Messer,** die Messer |
| die | **Minute,** |

› rechtschreibwichtige Wörter normgerecht schreiben  › Siehe Seite 131
› Rechtschreibhilfen verwenden: Wörterliste

# Wörterliste

| | | |
|---|---|---|
| die | die Minuten | |
| die | **Mitternacht** | |
| | **mögen,** er mag, er mochte | |
| das | **Monster,** die Monster | |
| das | **Mountainbike,** die Mountainbikes | |

 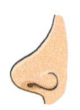

der **Nabel,** die Nabel
**nächste**
**nah,** näher, am nächsten
**nähen,** er näht, er nähte
das **Nashorn,** die Nashörner
**nass,** nasser, am nassesten
**nett,** netter, am nettesten
**neu,** neuer, am neuesten
die **Neuheit,** die Neuheiten
**niemand,** niemanden
das **Nilpferd,** die Nilpferde
die **Null,** die Nullen
die **Nuss,** die Nüsse
**nützlich,** nützlicher, am nützlichsten

der **Ochse,** die Ochsen
das **Ohr,** die Ohren

**packen,** er packt, er packte
die **Panik**
**pausieren,** sie pausiert, sie pausierte
der **Pelikan,** die Pelikane
das **Pferd,** die Pferde
**piepen,** sie piept, sie piepte
der **Pilz,** die Pilze
der **Pinguin,** die Pinguine
**plappern,** er plappert, er plapperte
**platt,** platter, am plattesten
das **Pony,** die Ponys
das **Portrait,** die Portraits
die **Praline,** die Pralinen
die **Primel,** die Primeln
**probieren,** er probiert, er probierte
der **Pullover,** die Pullover

**pünktlich,** pünktlicher, am pünktlichsten

die **Qual,** die Qualen

der **Rabe,** die Raben
das **Rad,** die Räder
**radieren,** er radiert, er radierte
**rasieren,** er rasiert, er rasierte
**raten,** er rät, er riet
die **Ratte,** die Ratten
**rauchen,** sie raucht, sie rauchte
**rauschen,** es rauscht, es rauschte
die **Rechnung,** die Rechnungen
die **Rede,** die Reden
der **Regen**
der **Regenwurm,** die Regenwürmer
das **Reh,** die Rehe
**reisen,** sie reist, sie reiste
**rennen,** er rennt, er rannte

› rechtschreibwichtige Wörter normgerecht schreiben
› Rechtschreibhilfen verwenden: Wörterliste
› Siehe Seite 131

| | | | | | |
|---|---|---|---|---|---|
| die | **Rennmaus,** die Rennmäuse | | **schädlich,** schädlicher, am schädlichsten | der | **Schluss,** die Schlüsse |
| der | **Roboter,** die Roboter | das | **Schaf,** die Schafe | der | **Schlüssel,** die Schlüssel |
| | **rollen,** er rollt, er rollte | | **schaffen,** sie schafft, sie schaffte | | **schmecken,** es schmeckt, es schmeckte |
| die | **Rose,** die Rosen | die | **Schale,** die Schalen | der | **Schmetterling,** die Schmetterlinge |
| die | **Rosine,** die Rosinen | der | **Schall,** die Schalle | | |
| | **rufen,** sie ruft, sie rief | der | **Schatten,** die Schatten | der | **Schnabel,** die Schnäbel |
| die | **Ruhe** | | **schattig,** schattiger, am schattigsten | | **schnell,** schneller, am schnellsten |
| | **ruhig,** ruhiger, am ruhigsten | der | **Schaum,** die Schäume | | **schnurren,** sie schnurrt, sie schnurrte |
| die | **Ruine,** die Ruinen | | **schäumen,** es schäumt, es schäumte | | **schrecklich,** schrecklicher, am schrecklichsten |
| | **rund** | | **schaurig,** schauriger, am schaurigsten | | **schreiben,** sie schreibt, er schrieb |

| | | | | | |
|---|---|---|---|---|---|
| der | **Sack,** die Säcke | die | **Scheune,** die Scheunen | die | **Schrift,** die Schriften |
| | **säen,** er sät, säte | | **schieben,** sie schiebt, sie schob | der | **Schuh,** die Schuhe |
| | **sagen,** er sagt, er sagte | das | **Schiff,** die Schiffe | | **schummeln,** sie schummelt, sie schummelte |
| | **sammeln,** sie sammelt, sie sammelte | | **schlafen,** sie schläft, sie schlief | | **schütteln,** sie schüttelt, sie schüttelte |
| der | **Sand** | | | | |
| | **sandig,** sandiger, am sandigsten | die | **Schlange,** die Schlangen | | **schützen,** er schützt, er schützte |
| | **sauber,** sauberer, am saubersten | | **schlau,** schlauer, am schlausten | der | **Schwamm,** |
| das | **Saxofon,** die Saxofone | | | | |
| | **schaden,** es schadet, es schadete | | | | |

› rechtschreibwichtige Wörter normgerecht schreiben    › Siehe Seite 131
› Rechtschreibhilfen verwenden: Wörterliste

# Wörterliste

die Schwämme
**schwimmen,** sie schwimmt, sie schwamm
**sehen,** er sieht, er sah
**sein,** es ist, es war
wir **sind**
**singen,** sie singt, sie sang
**sinken,** es sinkt, es sank
das **Sofa,** die Sofas
die **Sonne,** die Sonnen
**sonnig,** sonniger, am sonnigsten
die **Spinne,** die Spinnen
**spitz,** spitzer, am spitzesten
der **Sport**
**sportlich,** sportlicher, am sportlichsten
die **Spraydose,** die Spraydosen
**sprechen,** er spricht, er sprach
**sprengen,** sie sprengt, sie sprengte
**springen,** sie springt, sie sprang
die **Stadt,** die Städte

der **Stall,** die Ställe
die **Stange,** die Stangen
der **Staub**
**staubig,** staubiger, am staubigsten
**stehen,** er steht, er stand
**steil,** steiler, am steilsten
der **Stift,** die Stifte
die **Störung,** die Störungen
der **Strand,** die Strände
**streiten,** sie streitet, sie stritt
**studieren,** sie studiert, sie studierte
**suchen,** er sucht, er suchte
die **Suppe,** die Suppen

das **Tablet,** die Tablets
die **Tafel,** die Tafeln
die **Taube,** die Tauben
der **Teddy,** die Teddys
der **Teller,** die Teller
**teuer,** teurer, am teuersten
das **Theater,** die Theater
der **Tiger,** die Tiger

der **Tisch,** die Tische
**toben,** sie tobt, sie tobte
**tragen,** er trägt, er trug
**trainieren,** sie trainiert, sie trainierte
das **Training,** die Trainings
die **Traube,** die Trauben
der **Traum,** die Träume
**treffen,** er trifft, er traf
**treten,** sie tritt, sie trat
**trinken,** sie trinkt, sie trank
die **Truhe,** die Truhen
das **T-Shirt,** die T-Shirts

**überreichen,** er überreicht, er überreichte
**überzeugen,** sie überzeugt, sie überzeugte
die **Uhr,** die Uhren
**ungefähr**
**unheimlich,** unheimlicher, am unheimlichsten

› rechtschreibwichtige Wörter normgerecht schreiben
› Rechtschreibhilfen verwenden: Wörterliste
› Siehe Seite 131

| | | | | | | |
|---|---|---|---|---|---|---|
| | **unsinnig,** unsinniger, am unsinnigsten **unterstützen,** sie unterstützt, sie unterstützte | | **vorsichtig,** vorsichtiger, am vorsichtigsten | | | wohnlicher, am wohnlichsten |

unsinnig,
unsinniger,
am unsinnigsten
unterstützen,
sie unterstützt,
sie unterstützte
der Urlaub, die Urlaube

der Vampir,
die Vampire
verbrauchen,
sie verbraucht,
sie verbrauchte
vergessen,
er vergisst,
er vergaß
die Verletzung,
die Verletzungen
verständlich,
verständlicher,
am verständlichsten
versteckt,
versteckter,
am verstecktesten
verstehen,
er versteht,
er verstand
die Verwechslung,
die Verwechslungen
vielleicht
das Vitamin,
die Vitamine
der Vogel, die Vögel

vorsichtig,
vorsichtiger,
am vorsichtigsten

wachsen,
er wächst, er wuchs
der Wagen, die Wagen
wählen, sie wählt,
sie wählte
der Wald, die Wälder
er war
warten,
sie wartet,
er wartete
wechseln,
er wechselt,
er wechselte
wehen, er weht,
er wehte
weit, weiter,
am weitesten
werfen, sie wirft,
sie warf
wichtig, wichtiger,
am wichtigsten
wild, wilder,
am wildesten
der Wind, die Winde
windig, windiger,
am windigsten
wissen, er weiß,
er wusste
wohnlich,

wohnlicher,
am wohnlichsten
die Wolke, die Wolken
das Wort, die Wörter
wörtlich
der Wunsch,
die Wünsche
der Wurm, die Würmer

die Zange, die Zangen
der Zaun, die Zäune
der Zeh, die Zehen
die Zeitung,
die Zeitungen
zerbrechen,
sie zerbricht,
sie zerbrach
zerbrechlich,
am zerbrechlichsten
die Ziege, die Ziegen
ziehen, sie zieht,
sie zog
das Ziel, die Ziele
die Zufriedenheit,
die Zufriedenheiten
der Zug, die Züge
zuhören,
er hört zu,
er hörte zu
die Zukunft
der Zwerg, die Zwerge
das Zwergkaninchen,
die Zwergkaninchen

› rechtschreibwichtige Wörter normgerecht schreiben
› Rechtschreibhilfen verwenden: Wörterliste

› Siehe Seite 131

# Übersicht zu den Kompetenzen

| Kapitel und Leitperspektive | Kompetenzbereich: Sprechen und Zuhören | Kompetenzbereich: Texte verfassen | Kompetenzbereich: Sprache untersuchen | Kompetenzbereich: Richtig schreiben | Digitale Kompetenz |
|---|---|---|---|---|---|
| Seite 7–24<br><br>**Kapitel 1:<br>leben – lernen – respektieren**<br><br>Leitperspektive:<br>Bildung von Toleranz und Akzeptanz | • funktionsangemessen sprechen: erzählen, argumentieren<br>• sich an Gesprächen beteiligen<br>• Beobachtungen wiedergeben<br>• über persönliche Erlebnisse berichten: Erlebnisse in den Ferien, Freizeit<br>• über Lernerfahrungen sprechen<br>• Lernergebnisse präsentieren<br>• gemeinsam entwickelte Regeln beachten<br>• eigenen Lernstand einschätzen und Lernschritte planen | **Lapbook** kennenlernen, planen, schreiben und überarbeiten<br>• Texte planen: Schreibideen entwickeln und sammeln<br>• sprachliche Mittel und Ideen sammeln<br>• Texte schreiben: nach Mustern/Anregungen eigene Texte schreiben<br>• informierenden Text verfassen: Lapbook<br>• verständlich, strukturiert und adressatengerecht schreiben<br>• Texte präsentieren: Text für die Veröffentlichung aufbereiten<br>• Texte übersichtlich und zweckmäßig gestalten<br>• flüssig und gut lesbar schreiben | **Satzglieder** kennenlernen und verwenden<br>• mit Sprache spielerisch umgehen<br>• sprachliche Operationen kennen und nutzen: **Busprobe** (Vorfeldprobe)<br>• sprachliche Begriffe kennen und verwenden: Satzglied, Prädikat, zweiteiliges Prädikat<br>• Struktur von Sätzen erkennen: Fragesätze mit Verberststellung<br>• Sätze mit Satzgliedern erweitern<br>• Sätze strukturieren: **Satzglieder** | Rechtschreibstrategien verwenden: **Vokallänge** prüfen<br>• Lautqualität von Vokalen unterscheiden<br>• Länge von Vokalen untersuchen<br>• Konsonanten an der Silbenfuge untersuchen<br>• Wörter mit Doppelkonsonanz, tz und ck schreiben<br>• grammatisches Wissen für die Rechtschreibung nutzen<br>• über Fehlersensibilität verfügen<br>• rechtschreibwichtige Wörter normgerecht schreiben<br>• Übungsformen selbstständig nutzen<br>• Wortschatz erweitern und selbstständig üben | • Ferienerlebnisse (auch) digital gestalten und präsentieren<br>• über Bilder und Persönlichkeitsrechte (Datenschutz) nachdenken<br>• Texte am Computer schreiben und gestalten<br>• mit Schrift/Schriften gestalten<br>• Vorlagen für Lapbook im Internet suchen und gezielt ausdrucken, z. B. www.passwort-lupe.de |
| Seite 25–42<br><br>**Kapitel 2:<br>essen – bewegen – genießen**<br><br>Leitperspektive:<br>Prävention und Gesundheitsförderung | • über Lernerfahrungen sprechen (**Comic**)<br>• Beobachtungen wiedergeben<br>• sich an Gesprächen beteiligen<br>• funktionsangemessen sprechen: erzählen<br>• Lernergebnisse präsentieren<br>• über Lernerfahrungen sprechen<br>• eigenen Lernstand einschätzen und Lernschritte planen | **Comics** kennenlernen, lesen und als Schreibanlass für **Geschichten** nutzen<br>• Texte planen: Schreibabsicht, Schreibsituation, Adressaten, Verwendungszusammenhang und Textsorte klären<br>• Texte planen: Wörter und Wortfelder entwickeln<br>• Texte schreiben: zu einem Impuls frei schreiben<br>• Texte schreiben: Texte nach Mustern schreiben<br>• Texte schreiben: strukturiert und adressatengerecht schreiben<br>• Texte in Bezug auf die äußere und sprachliche Gestaltung hin optimieren<br>• Texte präsentieren: Geschichtenbuch | **Sätze, Satzarten** und **Satzschlusszeichen** kennenlernen, **Zeichen der wörtlichen Rede** kennenlernen<br>• Satzgrenzen, Satz als Sinneinheit erkennen<br>• Großschreibung am Satzanfang erkennen und anwenden<br>• grundlegende sprachliche Begriffe kennen: Satz, Punkt, Frage, Fragezeichen, Ausruf, Aufforderung, Ausrufezeichen<br>• Sätze bilden und Satzzeichen verwenden<br>• verschiedene Arten von Fragesätzen kennenlernen und verwenden<br>• Satzschlusszeichen setzen: Zeichen der wörtlichen Rede<br>• grundlegende sprachliche Begriffe kennen: wörtliche Rede, Begleitsatz | Rechtschreibstrategien verwenden: **Mitsprechen, Schwingen**<br>• grammatisches Wissen für Rechtschreibung nutzen<br>• Rechtschreibgespür entwickeln<br>• Strukturen von Silben nutzen<br>• Wörter mit silbeninitialem h schreiben<br>• methodisch sinnvoll abschreiben<br>• rechtschreibwichtige Wörter normgerecht schreiben<br>• Übungsformen selbstständig nutzen<br>• Wortschatz erweitern und selbstständig üben | • Comics im Internet recherchieren<br>• Kindersuchmaschinen verwenden<br>• Browser kennenlernen<br>• Anleitung für Suchmaschinen anwenden<br>• eigene Comics malen und gestalten<br>• Texte mit dem Computer schreiben und gestalten<br>• Rechtschreibprüfung des Computers nutzen<br>• mit dem Tablet eigene Foto-Comics gestalten |

# Übersicht zu den Kompetenzen

| Kapitel und Leitperspektive | Kompetenzbereich: Sprechen und Zuhören | Kompetenzbereich: Texte verfassen | Kompetenzbereich: Sprache untersuchen | Kompetenzbereich: Richtig schreiben | Digitale Kompetenzen |
|---|---|---|---|---|---|
| Seite 43–60<br><br>Kapitel 3:<br>**beobachten – verstehen – schützen**<br><br>Leitperspektive:<br>Bildung für nachhaltige Entwicklung | • über Lernerfahrungen sprechen **(Beschreibungen)**<br>• Beobachtungen wiedergeben<br>• sich an Gesprächen beteiligen<br>• Lernergebnisse präsentieren<br>• über Lernerfahrungen sprechen<br>• eigenen Lernstand einschätzen und Lernschritte planen | **Beschreibungen** kennenlernen, planen, schreiben und präsentieren<br>• Texte planen: Schreibabsicht, Schreibsituation, Adressaten, Verwendungszusammenhang und Textsorte klären<br>• sinnentnehmend lesen und Informationen entnehmen<br>• Sachtexte schreiben: Beschreibung<br>• Texte schreiben: Texte nach Mustern schreiben<br>• Texte überarbeiten: Text an der Schreibaufgabe überprüfen<br>• Texte präsentieren<br>• flüssig und gut lesbar schreiben | **Nomen** und ihre Merkmale kennenlernen<br>• Nomen kennenlernen: Schiebwortprobe<br>• Leistungen von Wortarten untersuchen<br>• Funktion von Artikeln erkennen (bestimmter Artikel, unbestimmter Artikel)<br>• Nomen kennenlernen: Einzahl und Mehrzahl, Pluralbildung, Konkreta, Abstrakta<br>• grundlegende sprachliche Begriffe kennen: Nomen, Artikel, Einzahl, Mehrzahl, Grundwort, Bestimmungswort<br>• spielerisch mit Sprache umgehen: Nomen zusammensetzen<br>• Gemeinsamkeiten und Unterschiede von Sprachen entdecken | Rechtschreibstrategien verwenden: **Schiebewortprobe** (Nomen großschreiben)<br>• grammatisches Wissen für die Rechtschreibung nutzen (syntaxbezogene Großschreibung)<br>• Nominalgruppe erkennen und für die Identifizierung von Nomen nutzen (Kern der Nominalgruppe)<br>• über Fehlersensibilität verfügen<br>• Wortschatz erweitern und selbstständig üben<br>• rechtschreibwichtige Wörter normgerecht schreiben<br>• Übungsformen selbstständig nutzen | • zu Naturthemen recherchieren (Tiere, Pflanzen)<br>• Kindersuchmaschinen verwenden<br>• Browser kennenlernen<br>• Anleitung für Suchmaschinen anwenden<br>• Rechtschreibprüfung des PC nutzen |
| Seite 61–78<br><br>Kapitel 4:<br>**haben – wünschen – brauchen**<br><br>Leitperspektive:<br>Verbraucherbildung | • über Lernerfahrungen sprechen **(Argumente)**<br>• funktionsangemessen sprechen: argumentieren, appellieren, erklären<br>• sich an Gesprächen beteiligen<br>• eigene Meinung darlegen und im Gespräch gegenüber anderen vertreten<br>• mit anderen diskutieren<br>• Gesprächsregeln gemeinsam festlegen und beachten<br>• über Lernerfahrungen sprechen<br>• eigenen Lernstand einschätzen und Lernschritte planen | Texte planen und schreiben: **Pro- und Kontra-Argumente** sammeln und aufschreiben<br>• Texte planen: Schreibabsicht, Schreibsituation, Adressaten, Verwendungszusammenhang und Textsorte klären<br>• Texte planen: Argumente<br>• Texte schreiben und überarbeiten: Argumente<br>• Texte an der Schreibaufgabe überprüfen<br>• Texte präsentieren: Argumente in einer Diskussion darlegen | **Verben** kennenlernen<br>• Funktion von Verben erkennen<br>• Verben kennenlernen: Personenprobe als Verbprobe<br>• Personalformen kennenlernen und anwenden<br>• sprachliche Operationen nutzen: ergänzen<br>• Sätze mit einfachem Bauplan bilden<br>• Zeitformen kennenlernen und verwenden: Präsens und Präteritum<br>• grundlegende sprachliche Begriffe kennen: Verb, Personalform, Grundform, Präsens, Präteritum | Rechtschreibstrategien verwenden: **Verlängern**<br>• ähnliche Laute und Lautfolgen unterscheiden und sie entsprechenden Buchstaben zuordnen<br>• über Fehlersensibilität verfügen<br>• rechtschreibwichtige Wörter normgerecht schreiben<br>• Übungsformen selbstständig nutzen | • Pro- und Kontra-Argumente zur Mediennutzung sammeln<br>• Nachrichten schreiben und lesen<br>• Unterschiede von digitalen Nachrichten und analogen Nachrichten erkennen und bewerten |

# Übersicht zu den Kompetenzen

| Kapitel und Leitperspektive | Kompetenzbereich: Sprechen und Zuhören | Kompetenzbereich: Texte verfassen | Kompetenzbereich: Sprache untersuchen | Kompetenzbereich: Richtig schreiben | Digitale Kompetenzen |
|---|---|---|---|---|---|
| Seite 79–96<br><br>Kapitel 5:<br>**lesen – hören – sehen**<br><br>Leitperspektive: Medienbildung | • über Lernerfahrungen sprechen (**Gruselgeschichten**)<br>• funktionsangemessen sprechen: beschreiben, erzählen<br>• sich an Gesprächen beteiligen<br>• szenisch spielen<br>• über Lernerfahrungen sprechen<br>• eigenen Lernstand einschätzen und Lernschritte planen | **Gruselgeschichten** planen, schreiben, überarbeiten und präsentieren<br>• Texte planen: Schreibabsicht, Schreibsituation, Adressaten, Verwendungszusammenhang und Textsorte klären<br>• Texte planen: Geschichtenweg und Wörtersammlung<br>• Texte schreiben: nach Anregung eigene Texte schreiben<br>• Texte schreiben: Geschichte<br>• Lernergebnisse geordnet festhalten<br>• Texte überarbeiten: Schreibkonferenz<br>• Textproduktion durch die Anwendung von sprachlichen Operationen unterstützen<br>• Texte präsentieren: Geschichtenbuch | **Adjektive** kennenlernen und verwenden<br>• Funktion von Adjektiven erkennen<br>• Leistungen von Wortarten untersuchen<br>• mit Sprache experimentell und spielerisch umgehen<br>• Wissen über Wortarten anwenden: genau beschreiben<br>• Merkmale von Adjektiven kennenlernen: Gegensätze, Vergleichsformen<br>• sprachliche Begriffe kennen und verwenden: Adjektive kennen und verwenden<br>• grundlegende sprachliche Begriffe kennen: Adjektiv, Gegensatz, Vergleichsformen | Rechtschreibstrategien verwenden: **Merkwörter** üben<br>• Merkwörter mit ai<br>• Merkwörter mit chs<br>• Merkwörter mit unmarkiertem langem i<br>• Merkwörter aus anderen Sprachen (Fremdwörter)<br>• über Fehlersensibilität verfügen<br>• rechtschreibwichtige Wörter normgerecht schreiben<br>• Übungsformen selbstständig nutzen | • Gruselgeschichten im Internet recherchieren<br>• Medien beschreiben und begründen, wann welche Medien genutzt werden<br>• Medienkonsum reflektieren (Unterschied: Gruselgeschichten erzählen – Gruselgeschichten sehen)<br>• Inhalte von Medienangeboten wiedergeben<br>• Bedeutung von Fremdwörtern recherchieren<br>• Texte mit dem Computer / Tablet schreiben und gestalten, auch audiovisuell<br>• Rechtschreibprüfung des Computers nutzen |
| Seite 97–114<br><br>Kapitel 6:<br>**träumen – fragen – nachdenken**<br><br>Leitperspektive: Lebens- und Berufsorientierung | • über Lernerfahrungen sprechen (**Argumente, formelle Briefe**)<br>• funktionsangemessen sprechen: erzählen, argumentieren<br>• sprachliche Mittel und Ideen sammeln<br>• sich an Gesprächen beteiligen<br>• eigene Meinung entwickeln und darlegen<br>• andere überzeugen<br>• über Lernerfahrungen sprechen<br>• eigenen Lernstand einschätzen und Lernschritte planen | **Formellen Brief** (argumentativ) planen, schreiben, überarbeiten und versenden<br>• Texte planen: Schreibabsicht, Schreibsituation, Adressaten, Verwendungszusammenhang und Textsorte klären<br>• Texte planen: Argumente sammeln<br>• Texte schreiben: nach Anregung eigene Texte schreiben<br>• Texte schreiben: formeller Brief<br>• flüssig und gut lesbar schreiben<br>• Texte präsentieren: Brief versenden | **Wortfamilien** kennenlernen und verwenden<br>• sprachliche Strukturen entdecken: Wörter mit gleichem Wortstamm bilden<br>• mit Sprache experimentell und spielerisch umgehen<br>• Möglichkeiten der Wortbildung kennen und nutzen<br>• sprachliche Strukturen entdecken: Wörter aus Wortfamilien verwenden<br>• Wortstamm erkennen<br>• Wortstamm erweitern: vorangestellte Wortbausteine<br>• Bedeutung von Wörtern untersuchen und reflektieren<br>• Bedeutung des Satzkerns erkennen<br>• grundlegende sprachliche Begriffe kennen: Wortstamm, Wortfamilie, Wortbaustein | Rechtschreibstrategien verwenden: auf den **Wortstamm** achten<br>• Stammkonstanz für die Rechtschreibung nutzen<br>• über Fehlersensibilität / Rechtschreibgespür verfügen<br>• nachgestellte Wortbausteine als Signale für Wortarten erkennen und nutzen<br>• Laute und Lautfolgen den entsprechenden Buchstaben zuordnen<br>• morphematische Strategien anwenden: Wörter mit ä/äu ableiten<br>• über Fehlersensibilität verfügen<br>• rechtschreibwichtige Wörter normgerecht schreiben<br>• Übungsformen selbstständig nutzen | • Unterschied zwischen Online Nachrichten und analogen Nachrichten (Zeitung) erkennen<br>• formellen Brief mit dem Computer schreiben<br>• Brief als E-Mail versenden<br>• Foren im Internet kennenlernen als Möglichkeiten der Meinungsäußerung und Meinungsbildung<br>• Grenzen der Meinungsäußerung kennenlernen und reflektieren (Wer darf was warum schreiben?)<br>• Anonymität im Internet kritisch hinterfragen |

# Übersicht zu den Kompetenzen

| Kapitel und Leitperspektive | Kompetenzbereich: Sprechen und Zuhören | Kompetenzbereich: Texte verfassen | Kompetenzbereich: Sprache untersuchen | Kompetenzbereich: Richtig schreiben | Digitale Kompetenzen |
|---|---|---|---|---|---|
| Seite 115–133<br>**Tipps zum Schreiben und Lernen** | • Feedback geben<br>• Gedächtnistricks<br>• Partnerarbeit<br>• Lerngespräche führen<br>• Knack den Code | • So geht es: Lapbook<br>• So geht es: Vom Comic zum Erzähltext<br>• So geht es: Beschreibung<br>• So geht es: Pro- und Kontra-Listen<br>• So geht es: Gruselgeschichte<br>• So geht es: Höflicher Brief<br>• Ideen-Karte und Ideen-Lampe<br>• Notizen schreiben<br>• Geschichtenpfad nutzen<br>• Gedanke → Stichwort → Text<br>• Text → Stichwort → Satz<br>• Inhalts-Check und Rechtschreib-Check<br>• Präsentation: Textplakat, Geschichtenbuch, Lesevortrag | • Wortfeld | • Inhalts-Check und Rechtschreib-Check<br>• Satz des Kapitels<br>• Wörtertraining<br>• Gedächtnistricks<br>• Wörter nachschlagen<br>• Richtig abschreiben<br>• Wörter unter der Lupe | • Text formatieren<br>• Digital präsentieren |
| Seite 134–143<br>**Wörterliste** | | | | | |

## Sprachbuch 3

**Erarbeitet von**
Olesia Belenko, Osnabrück
Ursula Emanuel, Nordstemmen
Marie-Claire Kirchhoff, Koblenz
Kerstin Schöning, Offenburg
Katharina Strick, Bremen

**Unter wissenschaftlicher Beratung von**
Prof. Dr. Tabea Becker, Hannover

**Illustriert von**
Cesare Asaro, Wien
Matthias Berghahn, Bielefeld
Zapf, Wien

Viele Grüße!
Euer LUPE-Team

Bildquellen: |Alamy Stock Photo, Abingdon/Oxfordshire: Nature Picture Library 43.2, 57.2. |Amrein, Nicole: 20.1. |blum design und kommunikation GmbH, Hamburg: 10.1, 11.1, 12.1, 13.1, 14.1, 15.1, 16.1, 17.1, 18.1, 28.1, 29.1, 30.1, 32.1, 33.1, 36.1, 37.1, 47.1, 48.1, 49.1, 50.1, 51.1, 53.1, 65.1, 66.1, 68.1, 70.1, 71.1, 83.1, 85.1, 100.1, 101.1, 102.1, 103.1, 104.1, 106.1, 108.1, 145.1. |Kirchhoff, Marie-Claire, Koblenz: 74.1. |OKAPIA KG - Michael Grzimek & Co., Frankfurt/M.: Coleman, Ray 56.2; Dietrich, Michael 56.1, 57.3; Fallend, Sabine 20.2, 44.2; Hütter, Christian 43.4; Pfaffenbauer, Toni 43.3, 57.1; Sauskojus, Burkhard 43.1; Skonieczny, Andre 44.3, 57.4. |stock.adobe.com, Dublin: denisgorelkin 63.1; Tobias 44.1.
Wir arbeiten sehr sorgfältig daran, für alle verwendeten Abbildungen die Rechteinhaberinnen und Rechteinhaber zu ermitteln. Sollte uns dies im Einzelfall nicht vollständig gelungen sein, werden berechtigte Ansprüche selbstverständlich im Rahmen der üblichen Vereinbarungen abgegolten.

**westermann** GRUPPE

© 2020 Westermann Bildungsmedien Verlag GmbH, Braunschweig, www.westermann.de

Das Werk und seine Teile sind urheberrechtlich geschützt. Jede Nutzung in anderen als den gesetzlich zugelassenen bzw. vertraglich zugestandenen Fällen bedarf der vorherigen schriftlichen Einwilligung des Verlages. Nähere Informationen zur vertraglich gestatteten Anzahl von Kopien finden Sie auf www.schulbuchkopie.de.
Für Verweise (Links) auf Internet-Adressen gilt folgender Haftungshinweis: Trotz sorgfältiger inhaltlicher Kontrolle wird die Haftung für die Inhalte der externen Seiten ausgeschlossen. Für den Inhalt dieser externen Seiten sind ausschließlich deren Betreiber verantwortlich. Sollten Sie daher auf kostenpflichtige, illegale oder anstößige Inhalte treffen, so bedauern wir dies ausdrücklich und bitten Sie, uns umgehend per E-Mail davon in Kenntnis zu setzen, damit beim Nachdruck der Verweis gelöscht wird.

Druck A[1] / Jahr 2020
Alle Drucke der Serie A sind im Unterricht parallel verwendbar.

Redaktion: Nicole Amrein
Gesamtlayout: blum design und kommunikation GmbH, Hamburg
Umschlaggestaltung: blum design und kommunikation GmbH, Hamburg; mit Illustrationen von Zapf
Layout: PER Medien, Braunschweig
Druck und Bindung: Westermann Druck GmbH, Braunschweig

ISBN 978-3-14-**141363**-2